企业财务风险管理

与 内部控制研究

■ 匡祥琳◎著

中国原子能出版社
China Atomic Energy Press

图书在版编目（CIP）数据

企业财务风险管理与内部控制研究 / 匡祥琳著. --
北京：中国原子能出版社，2021.1（2023.4重印）
　　ISBN 978-7-5221-1190-2

　　Ⅰ.①企… Ⅱ.①匡… Ⅲ.①企业管理—财务管理—
风险管理②企业内部管理 Ⅳ.①F275②F272.3

中国版本图书馆CIP数据核字(2021)第019996号

企业财务风险管理与内部控制研究

出　　版	中国原子能出版社(北京市海淀区阜成路43号 100048)	
责任编辑	蒋焱兰（邮箱：ylj44@126.com QQ：419148731）	
特约编辑	陶　源　刘相问	
责任印制	赵　明	
印　　刷	河北文盛印刷有限公司	
经　　销	全国新华书店	
开　　本	880mm×1230mm 1/32	
印　　张	8	
字　　数	150千字	
版　　次	2021年1月第1版	2023年4月第2次印刷
书　　号	ISBN 978-7-5221-1190-2	
定　　价	58.00元	

出版社网址：http://www.aep.com.cn　　E-mail：atomep123@126.com
发行电话：010-68452845　　　　　　　版权所有　侵权必究

♣ 前　言 ♣

　　科学管理是现代企业制度的重要内容。加强企业的科学管理特别是财务管理，是企业建立规范的现代管理制度、转换经营机制、实现持续快速健康发展的根本途径，也是财政部门的一项长期任务。当前，企业管理中的薄弱环节还很多，尤其是一些企业成本管理失控，财务风险控制失当，以财务预算管理为核心的企业全面预算管理体系尚未真正建立起来，改制重组运作与管理不规范，管理信息化工作滞后等现象相当普遍。

　　这些问题影响和制约着企业的健康发展，甚至滋生腐败和犯罪。推进企业包括国有企业的改革和发展，必须高度重视抓好企业管理特别是财务管理工作，采取切实有效的措施，堵塞漏洞，规范制度，严格监管，提高效益。不这样，我们的企业就没有出路，也无法参与国际竞争。

　　企业能否健康发展的关键在管理，管理的核心在财务。针对目前企业管理中普遍存在的突出问题，许多企业已经深切地认识到，随着市场经济体制的不断完善，企业竞争日益激烈，面临的财务风险也越来越大，一旦发生严重的支付困难，势必影响正常的生产经营，甚至可能导致破产。加强管理是企业永恒的主题。特别是在当前形势下，通过切实加强企业管理，对增加收入，减少支出，提高经济效益，做大"蛋糕"，促进国民经济持续、快速、健康发展，维护社会稳定，具有重大的政治、经济和社会意义。

因此，企业必须紧跟时代发展的潮流，健全与完善现代化的企业管理制度，保证企业各部门与单位间的权责明确，管理科学。随着经济一体化的进程逐渐加快，先进、科学的信息技术在企业中的地位越来越突出，与此同时，企业风险也在逐渐加剧。为了强化内部管理，提升经营效益，更好地应对风险，最好的措施就是健全与完善企业的内部控制制度，以增强综合竞争能力，在激烈的市场竞争中立于不败之地。

一套健全、完善的企业内部控制制度可以及时发现管理经营中出现的问题，保证会计信息能够有效、真实地反映出企业生产经营的实际状况，保障企业财产的完整性与安全性，防止浪费行为的发生。

目录

第一章 企业财务风险管理概述 …………001

第一节 企业财务风险的特征、类型与成因 …………001

第二节 企业财务风险管理的历史 …………009

第三节 企业财务风险管理的步骤与方法 …………014

第二章 企业面临的主要财务风险 …………024

第一节 利率风险 …………024

第二节 外汇风险 …………027

第三节 商品风险 …………029

第四节 信用风险 …………033

第五节 操作风险 …………036

第三章 企业财务风险管理的具体内容 …………039

第一节 企业流动资产风险管理 …………039

第二节 企业债务筹资风险管理 …………050

第三节 企业股票筹资风险管理 …………069

第四节 企业投资风险管理 …………078

第五节 企业并购风险管理 …………083

第六节 企业信用风险管理 ·······088

第四章 企业内部控制概述 ·······096

第一节 企业内部控制的产生与发展 ·······096

第二节 企业内部控制的概念 ·······105

第三节 企业内部控制的基本理论 ·······107

第四节 企业内部控制的功能与局限性 ·······112

第五章 企业内部控制要素 ·······118

第一节 企业内部控制的环境要素 ·······118

第二节 企业内部控制的风险识别与评估要素 ·······124

第三节 企业内部控制的活动要素 ·······130

第四节 企业内部控制的信息与沟通要素 ·······135

第五节 企业内部控制的监督要素 ·······139

第六章 企业内部控制的具体内容 ·······143

第一节 资金活动控制 ·······143

第二节 采购业务控制 ·······149

第三节 销售业务控制 ·······152

第四节 资产管理控制 ·······155

第五节 担保业务控制 ·······162

第六节 财务报告控制 ·······167

第七节 全面预算控制 ·······170

第八节 合同管理控制 ·······178

第九节 信息系统控制 ·······183

第七章　大数据时代的企业财务风险管理

与内部控制研究 ·················189

第一节　大数据时代的企业投资风险管理 ··········189

第二节　大数据时代的企业筹资风险管理 ··········196

第三节　大数据时代的企业成本风险管理 ··········206

第四节　大数据时代的企业预算风险管理 ··········212

第五节　大数据时代企业内部控制 ·············217

第八章　企业财务风险预警体系研究 ·············228

第一节　企业财务风险预警理论概述 ············228

第二节　企业财务风险预警体系的

研究设计和指标选取 ···············232

第三节　我国企业财务风险的预警的实证研究

——以上市公司为例 ··············238

参考文献 ·······························243

第一章 企业财务风险管理概述

第一节 企业财务风险的特征、类型与成因

一、企业财务风险概念与特征

(一)企业财务风险的概念

风险的定义,有广义和狭义之分。风险的狭义定义是指某项活动带来损失的不确定性。日本学者龟井利明认为,风险不仅是指损失的不确定性,而且还包括盈利的不确定性。所以,广义风险的概念认为,风险就是不确定性,且具有双重效应。具体而言,风险既可以给经济活动的主体带来威胁,即风险危机观;相反地,风险也可能带来相对应的机会,即风险机会观。

企业财务风险是指企业在筹资、投资、资金回收及收益分配等各项财务活动过程中,由于各种无法预料、不可控因素的作用,使企业的实际财务收益与预期财务收益发生偏差,因而使企业蒙受经济损失的可能性。具体而言,财务风险是由于融资方式不当、财务结构不合理、资本资产管理不善及投资方式不科学等诸多因素,从而使公司可能丧失偿债能力,进而导致投资者预期收益下降的风险。

企业财务风险是客观存在的,要想完全消除财务风险是不

太可能的,也是不现实的。对于财务风险,企业只能采取积极、有效的针对性措施,将其影响降低到最低程度。显而易见,财务风险管理是经营主体对其理财过程中存在的各种风险进行识别、度量和分析评价,并适时采取及时有效的管理方法进行防范和控制,以经济合理可行的方法进行处理,保障理财活动安全正常开展,保证其经济利益免受损失的管理过程。

科学、合理的理财之道,其宗旨是把风险管理内涵与融资、投资、营运三大理财活动内容进行有机融合,即提倡讲究"三财之道",具体为:聚财之道——聚财有度,聚之合理;用财之道——用财有方,用之得当;生财之道——生财有道,生之不息。

(二)企业财务风险的特征

1.客观性

企业财务风险是企业生产营运过程的产物,其并不以人们意志为转移,是客观存在的,可以说财务风险的多样性也奠定了财务风险的客观性。如外部宏观环境的变化、市场调整、企业经营战略转换、竞争对手战略转换或新替代品出现等因素都可能会引发企业财务风险的出现,因此企业无法完全规避财务风险,只能通过一定的措施来减弱其影响,降低其发生的概率,但不可能完全避免。

2.损益性

企业的投资收益与其风险成正比关系,对企业投资者而言,收益大则风险大,风险小则收益也少。企业要想获得一定的利润就必须承担与利润成正比的风险。尽管如此,企业也不能盲目去冒险,要使其风险的承受程度和自身的抵御能力相匹配。

3.突发性

企业财务风险的发生并不是有章可循的,风险的产生有突然的特点。这是因为企业所处的外部环境瞬息万变,在不断变化的环境中,有的风险可能发生,有的可能不发生。风险对企业的影响也具有偶然性,影响可能很大,也可能很小。尽管财务风险具有突发性,企业也要采取措施提前预防风险的发生,以达到效益最大化的经营目标。

4.复杂性

企业财务风险的复杂性,有直接因素也有间接因素;有的因素可以提前预测,而有的无法预测;有些是外部因素,有些是企业内部因素。财务风险对企业造成的影响也是不确定的,它表现在影响范围上不确定,在影响时间上不确定,在影响深度上也不确定。所以财务风险是极其复杂的。

5.激励性

企业财务风险是客观存在的,企业为了经济效益最大化,必须制定相应的措施来规避或减弱财务风险对企业的影响。企业只有完善内部管理尤其是内控制度,才能把财务风险控制在一定范围以内,这样就促使企业完善内部管理,对企业状态进行实时监督,改进企业内控管理系统中存在的问题,使内控制度更加合理化、规范化和科学化,使企业能更快更好地适应时代竞争的需要。

二、财务风险的类型与成因

(一)企业财务风险的基本类型

1.筹资风险

筹资风险是指由于资金供需市场、宏观经济环境的变化,企业筹集资金给财务成果带来的不确定性。筹资风险主要包括利率风险、再融资风险、财务杠杆效应、汇率风险、购买力风险等。利率风险是指由于金融市场金融资产的波动而导致筹资成本的变动;再融资风险是指由于金融市场上金融工具品种、融资方式的变动,导致企业再次融资产生不确定性,或企业本身筹资结构的不合理,导致再融资产生困难;财务杠杆效应是指由于企业使用杠杆融资给利益相关者的利益带来不确定性;汇率风险是指由于汇率变动引起的企业外汇业务成果的不确定性;购买力风险是指由于币值的变动给筹资带来的影响。

2.投资风险

投资风险是指企业投入一定资金后,因市场需求变化而影响最终收益与预期收益偏离的风险。企业对外投资主要有直接投资和证券投资两种形式。在我国,根据《公司法》的规定,股东拥有企业股权的25%以上应该视为直接投资[①]。

证券投资主要有股票投资和债券投资两种形式。股票投资是风险共担、利益共享的投资形式;债券投资与被投资企业的财务活动没有直接关系,只是定期收取固定的利息,所面临的是被投资者无力偿还债务的风险。投资风险主要包括利率风险、再投资风险、汇率风险、通货膨胀风险、金融衍生工具风险、道德风险、违约风险等。

3.经营风险

经营风险又称为营业风险,是指在企业的生产经营过程中,供、产、销各个环节不确定性因素的影响所导致企业资金

---

①秦霞.企业财务风险管理研究[M].长春:吉林大学出版社,2016.

运动的迟滞,产生企业价值的变动。经营风险主要包括采购风险、生产风险、存货变现风险、应收账款变现风险等。采购风险是指由于原材料市场供应商的变动而产生的供应不足的可能,以及由于信用条件与付款方式的变动而导致实际付款期限与平均付款期的偏离;生产风险是指由于信息、能源、技术及人员的变动而导致生产工艺流程的变化,以及由于库存不足所导致的停工待料或销售迟滞的可能;存货变现风险是指由于产品市场变动而导致产品销售受阻的可能;应收账款变现风险是指由于赊销业务过多导致应收账款管理成本增大的可能性,以及由于赊销政策的改变导致实际回收期与预期回收的偏离等。

4.存货管理风险

企业保持一定量的存货对于其进行正常生产来说是至关重要的,但如何确定最优库存量是一个比较棘手的问题,存货太多会导致产品积压,占用企业资金,风险较高;存货太少又可能导致原料供应不及时,影响企业的正常生产,严重时可能造成对客户的违约,影响企业的信誉。

5.流动性风险

流动性风险是指企业资产不能正常和确定性地转移现金或企业债务和付现责任不能正常履行的可能性。从这个意义上来说,可以把企业的流动性风险从企业的变现力和偿付能力两方面分析与评价。由于企业支付能力和偿债能力发生的问题,称为现金不足及现金不能清偿风险。由于企业资产不能确定性地转移为现金而发生的问题,则称为变现力风险。

（二）财务风险的表现形式

1.无力偿还债务风险

负债经营以定期付息、到期还本为前提，如果公司用负债进行的投资不能按期收回并取得预期收益，公司必将面临无力偿还债务的风险，其结果不仅导致公司资金紧张，也会影响公司信誉程度，甚至还可能因不能支付而遭受灭顶之灾。

2.利率变动风险

公司在负债期间，由于通货膨胀等的影响，贷款利率发生增长变化，利率的增长必然增加公司的资金成本，从而抵减了预期收益。

3.再筹资风险

负债经营使公司负债比率加大，相应地对债权人的债权保证程度降低，这在很大程度上限制了公司从其他渠道增加负债筹资的能力。

（三）财务风险的形成原因

企业财务风险产生的原因很多，既有企业外部的原因，也有企业自身的内部原因，而且不同的财务风险形成的原因也不尽相同。具体可分为以下几点。

1.外部原因

（1）企业财务管理宏观环境的复杂性

这是企业产生财务风险的首要外部原因。企业财务管理的宏观环境复杂多变，使一些企业的管理系统不能与之相适应，因而无法根据国家宏观环境的变化而对自身的财务管理进行适当的改革。

财务管理的宏观环境包括经济环境、法律环境、市场环境、社会文化环境、资源环境等因素,这些因素存在于企业的外部,但对企业财务管理会产生重大的影响,并且其中的任何一个环境因素的突变都有可能造成巨大的财务风险,比如说一些法律文件的变更以及相关财务政策的制定等。

(2)商品市场供求状况变化和单位经济行为的时间差异

众所周知,市场的供求变化是无法确定的,企业决策在调整力度以及时间上都和它有着比较大的差异,它是按照市场整体变化的实际情况或者自己判断的发展趋势来确定自己的下一步行动方向,因此,时间上的差异性以及变化的无规律性等都将导致一些财务风险的出现。

(3)资本结构的不合理

一些企业在筹资的过程中,为了更多地减少资本成本,大多数都倾向于采取债务融资的方式,因此造成债务资本在总资本中占据着很高的比例,一旦其资金链断裂,企业无法按时偿还到期的债务,那么将会面临着巨大的财务风险。从我国现有企业的资本结构来看,都或多或少地存在着较高的资产负债率问题,因为企业在进行生产规模的扩张以及发生流动资金不足的情况下时,首先想到的就是向银行贷款,所以很容易导致其资产负债率居高不下。

(4)利率水平以及外汇汇率水平的影响

首先,当企业通过负债的方式来筹措资金时,如果合同的利率固定,一旦市场利率下降,那么企业就必须按照合同的水平来支付较高的利息;而如果合同的利率是浮动的,则利率的上升会加大付息压力。总而言之,负债融通资金在一定程度上都会加大财务风险。其次,如果企业用外币融资来代替负债筹资,那么财务风险也会随着浮动利率的变化而加剧。再次,汇率的变动还将对进出口企业的收益情况造成很大的影响。

2.内部原因

(1)企业自身的管理体制不健全

督促各项资金的合理使用,使其产生最大的经济效益是一个企业建立内部控制制度的最终目的。然而,目前我国部分企业的内部控制制度和财务管理制度融合在一起,以致不能够有效地监督财务资金的投资以及收回情况。内部控制制度也没有达到预期的效果,从而加剧了财务风险的发生。

(2)财务决策缺乏科学性导致决策失误

目前,我国许多企业在进行财务决策时,经验决策以及主观决策的现象依然非常普遍。特别是进行固定资产投资时,在分析投资项目的可行性过程中,对于投资的内外部环境和未来现金流量产生的影响无法作出科学合理的判断,导致投资失误屡屡发生,项目的预期收益也不能够如期地完成,由此产生了无法估量的财务风险。

(3)企业内部财务关系不明

这是企业产生财务风险的又一重要原因,企业与内部各部门之间及企业与上级企业之间,在资金管理及使用、利益分配等方面存在权责不明、管理不力的现象,造成资金使用效率低下,资金流失严重,资金的安全性、完整性无法得到保证。例如,在一些上市公司的财务关系中,很多集团公司母公司与子公司的财务关系十分混乱,资金使用缺乏有效的监督与控制。

(4)资产流动性不强以及现金流量状况不佳的现象非常普遍

现金流量多少以及资产流动性的强弱对其偿债能力有着最直接的影响,而且企业有多少债务以及有多少可以变现偿债的流动资产决定着其是否能够顺利地偿还债务。一方面,如果偿债的流动资产越多,债务越少,那么偿债能力也就越强,反之则越弱;另一方面,如果用流动资产偿还负债后企业剩下的是营运资金,那么营运资金越少,表明企业的风险就越大,就算整体的盈利状况比较好,一旦现金流量不足,资产变现能力差,企业也同样会深陷困境。

(5)企业财务管理人员的素质水平不高,缺乏对财务风险的客观性认识

实际上,只要有财务活动,就必然存在着一定的财务风险。我国现行很多企业的财务风险产生的重要原因之一,就是由于其管理人员自身素养不高,风险意识淡薄,无法在第一时间准确判断在财务活动中隐藏着的财务风险。

第二节 企业财务风险管理的历史

一、早期市场

金融衍生工具和金融市场通常被认为是近代的产物,但事实并非如此。最早期的贸易就包含了商品贸易,因为它们对人类的生存至关重要。早在工业化发展之前,为了便利产品的买卖,非正式的商品市场就已经开始运行了。

　　市场在小村庄和大城市里已存在了数个世纪。农民可以在市场中用他们生产的粮食交换其他有价值的物品。这些市场是现代交易所的早期形态。后来,正式的期货市场发展起来,使生产者和购买者能够提前确定销售和购买的价格。对于那些寿命有限或因过于笨重而无法经常向市场运输的产品而言,市场这种产品交换和确定价格的功能显得尤其重要。

　　早在12世纪的中世纪商品交易会中,佛兰芒(Flemish)的交易商就已经开始使用远期合约,通过跟单信用证对未来的交付作出详细规定。关于契约性合约的其他记录甚至可以追溯到腓尼基时代。此外,在17世纪声名狼藉的郁金香狂热时代,期货合约还便利了阿姆斯特丹的郁金香球茎交易。

　　在17世纪的日本,大米是一种重要的商品。随着水稻种植者开始用米券交换现金,二级市场繁荣了起来。大阪的大米期货市场于1688年成立于京都的商业中心,注册米商1300名。预期价格会下降时,大米交易商就可以在大米收获前出售期货;而在预期收成不佳米价可能很高时,大米交易商则提前购买大米期货合约。米券既可以代表库存大米,也可以代表未来收获的大米。当大阪市场进行交易时,在悬挂于天花板上的一个盒子里放着一根慢慢燃烧的绳子。当绳子烧尽时当天的交易即告结束。如果绳子烧尽时仍没有交易价格,或者绳子提前熄灭了,当天的交易就可能被取消[①]。

二、北美地区的发展

　　北美地区期货市场的发展也是与农产品市场密切联系的,

---

①企业财务风险管理编写组. 企业财务风险管理[M]. 北京:企业管理出版社,2014.

特别是19世纪的谷物市场。谷物价格的波动使谷物种植者和购买者都面临着挑战。

成立于1848年的芝加哥期货交易所是美国最早的期货交易所。它交易的是非标准化的谷物远期合约。然而,由于没有中心清算机构,一些参与者可能会违约,使其他参与者无法实现套期保值。

有鉴于此,芝加哥期货交易所在1865年开发出带有标准条款和履约担保要求的期货合约,这就是北美最早的期货合约。这种合约以标准化的形式,使农民能够在交货之前确定谷物的销售价格。在七八十年间,北美期货交易都围绕谷物产业进行。谷物的大规模生产和消费,外加需要运输和仓储费用等特征,使谷物成为期货市场上最理想的商品。

三、金融市场的动荡

20世纪70年代,由于世界金融市场的大幅动荡,金融市场出现了若干重大发展。在那个年代,不断发生的区域性战争和冲突持续的高利率和高通货膨胀率、疲软的股票市场以及农业歉收,是价格变得不稳定的主要原因。

浮动汇率制正是在这种动荡中诞生的。在美国结束用美元兑换黄金不久之后,布雷顿森林体系就彻底崩溃了,主要工业国的货币开始实行浮动汇率制。尽管货币市场是虚拟市场,但它却是最大的市场。伦敦仍然是最重要的外汇交易中心。

利率期货交易始于20世纪70年代,它的出现反映了日益加剧的市场动荡。纽约商业交易所在1978年引入了最早的能源期货合约,即燃油期货合约。这些合约为套期保值者提供了一种管理价格风险的方法。20世纪70年代金融市场的其他发展还包括美国商品期货交易委员会的成立。

四、自动化与增长

最早的自动化交易所不是出现在纽约或伦敦,而是于1984年出现在百慕大的国际期货交易所。尽管地理位置很有吸引力,其首先采用自动化技术也很有远见,但交易所并没有生存下来。对于今天的交易所来说,自动化技术已成为它们得以生存的关键。各种新技术不断被应用到交易和电子对盘系统中,提高了效率并降低了交易成本。现在,一些交易所已经实现了完全虚拟化,取代了以往有形的交易大厅和世界各地相互联结的交易商。

1987年10月,金融市场受到了股票市场大规模衰退的考验,大部分衰退是在几天之内发生的。一些主要股票交易所的交易量单日下跌了20%以上。而这引起了期货交易规模的迅猛增长,各中央银行为市场提供了大量流动性也使得利率下降。芝加哥期货交易所的期货交易规模竟达到了纽约证券交易所的3倍之多。

此后,一些观察家认为,期货市场加剧了投资者的恐慌情绪。交易所随之收紧了原有的价格限幅,实施了新的价格波动限幅。股票价格最终开始反弹,使一些交易商重获对杠杆期货交易的信心。期货市场开始重整旗鼓,并且带动了其他市场,市场的深度和流动性逐渐得到恢复。

五、金融新世纪

20世纪90年代,天气和灾害合约等新的衍生工具开始出现,衍生工具也被更为广泛地采用。风险管理中越来越多地使用了在险值方法及类似工具,改进了风险管理方法,更新了管理理念。

但20世纪90年代期间却发生了一些惨重损失,使这个年代备受关注,其中包括古老的巴林银行(Barings Bank)的倒闭和橙县(Orange County,位于美国加利福尼亚州)财政的破产,以及大和银行(Daiwa Bank)和美国长期资本管理公司(Long Term Capital Management)发生的重大损失。衍生工具损失再也不是什么重大新闻。在金融新世纪,只有高达几十亿美元的损失才有新闻价值,几百万美元的损失根本不值一提。

1999年,一种新的欧洲货币欧元诞生了,并开始在奥地利、比利时、芬兰、法国、德国、爱尔兰、意大利、卢森堡、荷兰、葡萄牙和西班牙使用,两年后希腊也开始使用这种货币。与同时管理12种货币相比,统一货币的使用极大地降低了那些在欧洲从事交易的企业的外汇风险。欧元的使用还掀起了一股银行兼并的浪潮。

随着持续了七八年的股票牛市渐渐走低,科技股最终在2000年到达巅峰后开始跌落。随后一些股票也开始走低,其程度甚至比1929年后大萧条时期的下跌还严重,导致了大量公司的破产。此后不久,2001年9月11日发生的恐怖袭击大大改变了人们对风险的观念。在越来越不稳定的地缘政治环境中,贵金属和能源商品变得越来越有吸引力。

财务风险管理发展的前沿领域包括开发新的风险建模能力和新的衍生工具交易种类,如天气衍生工具、环境(污染)信用衍生工具及经济指标衍生工具等。

第三节 企业财务风险管理的步骤与方法

一、企业财务风险管理与内部控制的内容要求

企业财务风险管理与内部控制的内容要求有四个方面。

(一)应突出"开源"与"节流"双管齐下的内容要求

财务风险管理的"开源"内容体系表现为挖掘企业价值创造、可持续增长率等，从现代风险管理学视角看，企业自身的做强、做大、做好，是抵御财务风险的重要理念与方式；财务风险管理的"节流"内容体系表现为财务风险控制的方法与手段的应用。

(二)应突出"自律"与"他律"双重管理的内容要求

财务风险管理的"自律"内容要求，就是健全财务人员的自我约束机制。我国《会计法》第39条规定："会计人员应当遵守职业道德，提高业务素质。"遵守职业道德包括6项具体内容，诸如爱岗敬业、熟悉法规、依法办事、客观公正、搞好服务、保守秘密。财务风险管理的"他律"内容要求，就是企业在开展财务管理工作时，应严格遵循与执行中国现行内部控制规范及美国COSO内部控制要素框架，加强内部控制、风险管理与公司治理等方面的法制建设，对财务违法行为决不姑息、坚决杜绝贪污、舞弊等人为因素可能导致企业财务状况恶化的风险漏洞。

(三)应突出"事前""事中""事后"全过程管理的内容要求

财务风险管理应充分总结国内外学术研究成果，全面吸收

我国公司财务方面的实践经验,从而以财务管理活动的整个过程为主线,建立企业融资活动、投资活动、营运活动的风险管理系统。财务风险管理中的"事前"管理,是指前馈管理体系,应包括全面预算管理、内部控制法规的与制度体系设计、价值创造与管理等内容。财务风险管理中的"事中"管理,是指反馈管理体系,应既包括融资活动、投资活动、营运活动的风险控制系统,也应包括财务报表分析等内容。财务风险管理中的"事后"管理,是指后馈管理体系,应包括财务报表分析、内部控制法规的与制度的执行效率评估等内容。

(四)应突出"战略"管理与"战术"管理不同层面的内容要求

财务风险的"战略"管理,是指根据国家经济政策导向,运用生命周期理论,针对企业经营风险与财务风险的状况,从风险控制层面规划企业3~5年全范围、全过程的财务战略。财务风险的"战术"管理,就是企业日常财务风险管理的内容体系,具体包含:风险与报酬分析、财务报表的风险问题分析、价值创造管理、内部控制、融资风险管理、投资风险管理、营运风险管理等。

二、财务风险管理的步骤

企业财务风险管理活动应覆盖整个企业,涉及各个部门和众多人员。财务风险管理实施步骤要求识别和了解企业面临的各种财务风险,以评估财务风险的成本、影响及发生的可能性,并针对出现的风险制定应对办法以及实施的纠正举措。

财务风险管理可分为四个步骤:第一步是风险识别;第二步是风险评估;第三步是确定风险;第四步是风险监测[①]。

①张继德. 企业财务风险管理[M]. 北京:经济科学出版社,2015.

（一）风险识别

管理层应尽力识别所有可能对企业产生影响的风险，包括整个业务面临的较大或重大的风险，以及与每个项目的业务单位关联的不太主要的风险。企业应通过正式的检查程序来全面分析风险和损失。风险识别程序要求采用一种有计划的、经过深思熟虑的方法，来识别业务的每个方面存在的潜在风险，并识别可能在合理的时间段内影响每项业务的较为重大的风险。

风险识别程序应在企业内的多个层级得以执行。对每个业务单位或项目有影响的风险，可能不会对整个企业产生同样大甚至更大的影响。因此，对整个经济体产生影响的主要风险会分流到各个企业及其独立的业务单位。风险识别的方法之一是集体讨论可能的风险领域。通过这种方法动员知悉情况的人员迅速给予答复。之后由风险管理小组对集体讨论后识别的所有风险进行复核，并且认定核心风险。最后，为识别风险进行集体讨论的结果，应提供给未参与讨论的其他部门。并按照来自整个企业的评论和讨论，增加已识别的风险。

（二）风险评估

风险通常是相互依存的。应依据组织结构考虑和评价风险间的相互依存关系。企业应关注企业内各层级的风险，但实际上各层级可能仅对其范围内的风险实施了控制。每个经营部门负责管理其面临的风险，但是可能受到组织结构中上一级部门或下一部门的风险事件的影响。企业的每个经营部门应认识到，自身遇到的许多风险，均可能对企业内其他部门产生影响。此外，还有大量工具可用来确定风险对企业的影响,比如情景设计(scenario design)、敏感性分析(sensitivity analysis)、决策树(decision tree)、计算机模拟(computer simulation)、软件包(software package)等。

在评估风险时,应留意的是概率与不确定性。特别是在识别出大量风险后,评估小组应逐个考虑风险、可能性以及发生的情况。需要强调的是,本质上来说,风险可能不会保持不变,也不是100%会发生。关于概率的另外一个基本规则是,不得将独立的概率估计相加,得出综合估值。

(三)确定风险评级和应对策略

1.确定风险评级

一是检查风险评级,并得出一份列明潜在风险的清单。下一步是按照已确定的重大程度和可能性估值,计算风险评分,并识别最为重大的风险。根据影响及可能性,对风险进行优先次序的排列。二是注意评分较高的风险,被称作风险推动因素或主要风险。然后,企业应将注意力继续放在这些主要风险上。三是进行优先次序排列时,不应仅考虑财务方面的影响,更重要的是考虑对实现企业目标的潜在影响。四是对非重大的风险应定期复核,特别是在外部事项发生变化时,应检查这些风险是否仍为非重大风险。

需要说明的是,有效的风险管理要求企业持续对风险进行重新评估,并且通过定期风险复核,控制风险情景并清楚何时应作出决策。

2.应对策略

(1)风险规避

当风险潜在威胁发生的可能性很大,不利后果也比较严重时,企业主动放弃或者停止与该风险相关的业务活动,这种通过终止行动方案的方式不失为规避风险的良策。

(2)风险降低

在实施风险降低策略时,最好将每一具体风险都控制在可以接受的水平上,单项风险减轻了,整体风险就会相应降低,成功的概率就会增加。风险降低策略是基于企业不愿意被动接受特定的后果分布状态,而通过自身努力改变不利后果的概率。为改变后果分布状态所做的努力,称为风险缓解。

企业成功地降低风险后,其成果分布状态将不再是极端的。不同的实际情况适用不同的风险降低方法。减少风险常用三种方法来实施:一是控制风险因素,减少风险的发生;二是控制风险发生的频率和降低风险损害程度;三是通过风险分散形式来降低风险,比如在多种股票而非单一股票上投资。不愿"将所有的鸡蛋放在同一个篮子里"的企业采用的是风险分散策略。

(3)风险转移

对可能给企业带来灾难性损失的资产,企业应以一定的代价,采取某种方式转移风险。其目的是通过若干技术手段和经济手段将风险分或全部转移给另一家企业、公司或机构承担。合同及财务协议是转移风险的主要方式。转移风险并不会降低其可能的严重程度,只是把风险从一方转嫁给另外一方。

(4)风险保留

风险保留包括风险接受、风险吸收和风险容忍。对一些无法避免和转移的风险,采取现实的态度,在不影响投资者根本或局部利益的前提下,将风险自愿承担下来。例如,在风险损失发生时,直接将损失摊入成本或费用,或冲减利润;风险自保是指企业预留一笔风险金进行预防,或者采取有计划地计提资产减值准备等政策。采取风险保留的策略,或者是因为这是比较经济的策略,或者是因为没有其他备选方法(比如降低、消除或转移)。采用风险保留策略时,管理层需考虑所有的方案,即如果没有其他备选方案,管理层需确定已对所有可能的消除、降低或转移方法进行分析来决定保留风险。

(四)风险监测

一是对已识别的风险进行监测。二是监测内容应包括目标的实现过程,并关注新的风险和相关损失。三是风险监测可由程序的所有者或独立审查人员执行,如企业风险管理部门或内部审计师。四是内部审计师也常常能提供非常可靠且完善的信息,来监测已识别风险的当前状态。五是企业可能已执行了为识别较重大风险而精心设立的程序。但是仍然必须定期对风险的当前状况进行监测,必要时对已识别的风险作出变更。

三、财务风险管理的方法

(一)时间顺序分类法

风险控制发生在企业风险管理的全过程中,根据风险发生的时间顺序可以分为如下三种。

1.事前风险控制

企业在作出经营决策之前对其内部条件因素和外部环境因素进行详尽地分析综合估计各种风险因素,对企业的决策结果进行趋势预测,如果发现可能出现的风险因素,则提前采取预防性的纠偏措施,保证企业的经营决策始终沿着正确的轨道前进,从而达成企业目标。风险回避策略显然属于事前风险控制,其可以有效地消除不必要的风险产生的条件和机会,从而达到不需过多的精力和成本投入就能避免风险发生的目的。有效地避免风险措施理论上可以完全解除某种风险,即完全消除某种损失的可能性,但在现实经济生活中,实施事前风险控制措施会受到一定限制,比如当其涉及放弃某项活动时,同时也就部分或全部地丧失了从事该活动可能带来的利益。另外,由于风险回避常涉及改变生产工艺、工作地点等。一般而言,企业应该在该项活动的早期计划阶段就作出研究和决策,任何改变进行中的工作的企图都会造成极大的不便和昂贵的费用。

2.事中风险控制

在决策实施过程中或风险发生过程中,企业对自身的决策行为和形势变化进行检查,对照既定的标准判断是否合适,如果发现了风险成因,就立即采取措施,快速反应,对企业的决策行为进行调整、修正。这种方式类似于开关功能,故称之为开关型风险控制。由于风险随时可能发生,并且风险事件的发生时间极其短暂,因此事中风险控制需要企业决策者具有高度的风险感知度,能够对风险事件即时处理。一般而言,企业的应急连锁反应、成立突发事件特别行动小组等属于事中风险控制决策措施。

3.事后风险控制

事后风险控制要求企业将企业决策的结果与预期结果进行比较与评价,然后根据偏差情况查找具体的风险成因,总结经验教训,对已发生的错误或过失进行弥补,同时调整企业的后续经营决策。事后风险控制需要完成两项任务,其一是尽可能地减少风险损失,其二是调整企业决策思路,减少风险再次发生的可能性,以指导企业今后的实践。

(二)内容分类法

企业风险控制是一项复杂的系统工程,它需要综合运用数理统计、经济学、逻辑推理等多学科的知识,并且需要涉及多方面的内容。根据风险控制的处理对象,其可以作以下分类。

1.风险因素控制

企业风险控制因素通常包括财务、生产、销售、质量、人力资源等方面。财务风险控制包括财务预算,对财务的收益性指标、安全性指标、流动性指标、成长性指标、生产型指标等的控制。生产风险控制包括对产品品种、质量、数量、成本、交货期及售后服务等因素的控制。销售控制主要包括对企业的产品竞争力、产品价格、销售渠道、促销行为等的控制。质量控制不仅仅是对产品质量的控制,还包括工作效率、设计、信息工作等一系列的质量控制。人力资源控制在于为企业选拔合适、优秀的贤才,营造良好的企业文化和工作氛围,提高组织效率。

2.风险事态控制

风险因素控制主要是对企业日常经营活动中的某一部门或某一领域的风险进行控制,风险事态控制往往并不局限于此。它通过对企业既成风险事件进行全面诊断,分析风险成因,预测风险隐患,采取积极有效的风险处理措施以尽可能地减少风险损失,避免事态扩大对企业的进一步不利影响。风险事态控制通过对风险事件的及时处理来控制风险,往往需要同时涉及多个风险因素,因此风险事态控制相对于风险因素控制更具后验性和综合性。

(三)导向分类法

企业对于风险的承受能力是一定的,而风险控制的最终目的正在于将风险控制在企业可以承受的范围内。企业风险控制的目的在于,将可能发生的风险限制在企业风险承受能力范围内。由以上分析可以得出,企业风险控制得以改变的部分是可控风险,这一部分越大表明企业对风险的驾驭能力越强,企业最终遭遇的风险也将越小。

基于此,风险控制可以分为如下两类。

1.概率导向风险控制

由于可控风险,企业对其进行控制的首要策略就在于降低即减少风险事件发生的概率。概率导向风险策略通常应用于风险事件发生前,如风险回避策略,该策略试图将风险发生概率减少到零。当然风险发生的绝对零概率是不可能的,但概率导向风险控制不失为一种积极的风险防御策略。风险投资公司在将风险资金投入风险企业时,通过对风险企业提供的商业计划书进行详尽的尽职调查、积极寻找联合投资合作伙伴、明确分段投资方式和投资条件、筛选合适的职业经理人和管理团队、完善委托代理的奖励监督机制等,都可以有效地控制风险投资过程中的风险发生概率。

2.损失导向风险控制

损失导向的风险控制策略应用于两种情况。第一种情况是当风险事件发生的概率一定时,企业无法回避风险或是减小风险发生的概率,如系统风险,包括政治事件、自然灾害、经济萧条等。此时,损失导向风险控制就在于减少可能的风险损失。比如通过战略联盟或联合投资等策略,企业可以控制市场中的非系统风险,实现风险不守恒,降低即合作双方所需承担的总风险和合作各方承担的风险都有所降低。第二种情况在于当企业的原有风险和风险发生的概率都无法调整时,即风险不可降低和回避时,损失导向的风险控制需要企业在风险发生后,积极应战,尽可能地减少风险损失,从而使得实际遭遇的风险在承受能力范围内。

第二章 企业面临的主要财务风险

第一节 利率风险

利率变化通过资金成本影响借款人。比如,以浮动利率借款的公司借款人就面临着利率上升而使公司资金成本增加的风险。固定收益证券组合也会有利率风险,这种风险包括持有资产的收益率以及资本利得或损失的风险。

一、绝对利率风险

绝对利率风险是由利率发生方向性变动(或升或降)的可能性所导致的风险。由于绝对利率风险易于观察,而且可能影响盈利能力,因此大多数企业都在风险评估中对其实施监控。

从借款人的角度来看,利率上升可能会提高项目成本,或者改变融资或战略方案。从投资者或贷款人的角度来看,利率下降会在投资相等的情况下降低利息收入,或者使持有的投资仅获得较低回报。在其他条件相同的情况下,久期越长,利率的影响就越大。

对绝对利率风险进行套期保值最常用的方法,是将资产和负债的久期匹配起来,或者用固定利率借款或投资来取代浮动利率借款或投资。另一种套期保值方法是使用远期利率协议、互换协议和利率上、下限期权及封顶保底期权等工具。

二、收益率曲线风险

收益率曲线风险是由于短期和长期利率之间的关系发生变化而导致的风险。在正常的利率环境中，收益率曲线的形状是向上倾斜的。长期利率高于短期利率，因为期限越长贷款人的风险越大。收益率曲线是陡峭还是平坦，会改变不同期限的利率之间的差额，从而影响企业的借款或投资决策进而影响盈利能力。

在收益率曲线倒挂的情况下，对短期资金的巨大需求使短期利率高于长期利率。收益率曲线的形状可能对应大部分期限或只在局部向下倾斜或比较平坦。在这样的环境中，期限较长的利率受到的影响可能比短期利率小。当企业的资产与负债之间存在不匹配时，应将收益率曲线风险作为利率风险的一部分加以考查。

当收益率曲线变得陡峭时，长期利率高于短期利率，这是由长期资金需求的增加引起的。也有可能是短期利率在长期利率保持相对稳定的情况下有所下降。收益率曲线越陡峭，短期利率与长期利率之间的差值就越大，债务的展期成本就越高。如果借款人面临的是一条陡峭的收益率曲线，锁定长期借款成本的成本就会比锁定短期借款成本高得多。

收益率曲线越平坦，长期与短期的利差就越小。例如，当长期利率下降而短期利率保持不变时就会出现这种情况。也有可能是短期资金需求略有上升，而长期资金需求没什么变化。收益率曲线越平坦，不同到期日之间的利差越小，因而债务的展期成本越低。

根据收益率曲线的走势选择使用衍生工具(如利率期货和远期协议)的战略以及使用利率互换协议的战略,都可以充分利用收益率曲线的形状变化带来的好处。任何时候,只要资产与负债之间存在着不匹配,就应考虑收益率曲线[①]。

三、再投资或再融资风险

在投资或债务到期后按当期市场利率进行再投资或再融资时,如果当期利率不如预期的有利,就会产生再投资或再融资风险。不能确定的预测再投资利率,可能会影响投资或工程的整体盈利性。

短期货币市场的投资者面临着现有投资到期时市场利率可能下降的风险。购买可赎回债券的投资者也面临着再投资风险。如果证券发行人因为利率下降而将债券赎回,投资者将不得不按下降了的利率重新投资。与之类似,通过发行商业票据为长期项目融资的借款人,也面临着展期或再融资时利率可能升高的风险。因此,将融资的久期与基础项目的久期进行匹配,会减小再融资风险敞口。

四、基差风险

基差风险是指,套期保值工具(如衍生工具合约)波动的方向和幅度无法抵销标的风险敞口而导致的风险。任何时候,只要可能存在不匹配,都应考虑基差风险问题。有时,由于合适的套期保值工具过于昂贵或无法找到,某种套期保值工具会被用作代理套期保值工具以应对标的风险敞口,这种时候就可能存在基差风险。基差可能缩小也可能扩大,从而

---

①杨忠志.财务管理[M].厦门:厦门大学出版社,2015.

带来收益或导致损失。

狭义的基差风险用于描述期货价格。基差是现货与期货价格之间的差额。两种价格之间的关系会随时间而改变,并影响套期保值的效果。例如,如果债券期货的价格波动幅度与标的利率风险敞口的波动幅度不一样,套期保值者就有可能因此遭受损失。

如果期货价格由于受到限制而不能完全反映标的市场的变化,也会产生基差风险。例如,对于一些规定了价格单日波动限幅的期货合约,这种情况就可能发生。在单日市场出现较大波动的情况下,一些期货合约的当日价格波幅可能达到了上限,无法继续变动,因而不能完全反映市场变化。

第二节 外汇风险

外汇风险产生于交易、会计和经济风险敞口。在以商品为基础的交易中,如果商品价格的确定和商品交易都是用外币进行的,也有可能产生外汇风险。

一、交易风险敞口

交易风险通过损益表中的各项目影响企业的盈利性。它产生于企业的普通交易中,包括从商品供应商和其他供应商那里购买货物,用其他货币进行的合约支付,支付专利使用费和执照费,用本币以外的货币向顾客销售产品等。购买或销售用外币标价的产品或服务的企业,通常都面临交易风险敞口。在全球经济中,交易风险管理可能成为影响企业竞争力的重要决定因素。几乎所有企业都会受到交易风险或直接或间接的影响。

二、会计风险敞口

会计风险通常指的是对财务报表进行会计折算而引起的波动,特别是资产负债表上资产与负债的变动。只要将资产、负债或利润从营业货币转为报告货币(如母公司的报告货币),就会产生会计风险敞口。

从另一角度来看,会计风险会影响用外币表示的资产负债表中项目的价值,如应付或应收账款、外币现金和存款以及外币债务等,从而对企业产生影响。与涉外业务相关的长期资产或负债尤其会受到影响[①]。

外币债务也可看作会计风险的来源之一。如果某企业用外币借款却没有对应的外币资产或现金流,那么外币对本币的升值就意味着外币债务折算后的市场价值也升高了。

三、商品价格导致的外汇风险敞口

因为国际上很多商品都是用美元标价和交易的,商品价格风险会给非美国企业带来间接的外汇风险。即使购买或销售是以本币进行的,汇率也还是有可能被包含在商品价格里,或者构成商品价格的一部分。

在多数情况下,像其他交易一样,商品供应商要么将汇率变化造成的损失传递给他们的客户,要么由自己承担。

通过将风险分拆为货币部分和商品部分,企业可以独立评估这两种风险,确定合适的战略来应对价格和汇率等的不确

---

① 杨小舟. 中国企业的财务风险管理[M]. 北京:经济科学出版社,2010.

定性,并实现最有效的定价。

企业可以通过固定汇率合约来规避汇率风险。如果汇率朝着不利的方向变动,使用者就可以获得汇率保护。然而,如果汇率朝着有利的方向变动,合约购买者若没有固定汇率的约束反而能获得额外收益。后见之明事无补,当风险敞口同时涉及商品和汇率时,套期保值者对风险敞口和套期保值市场都应有充分的理解。

四、战略风险敞口

主要竞争者的地理位置及其活动可能成为企业外汇风险敞口的重要决定因素。由于汇率的变动,战略或经济风险敞口会影响企业的竞争地位。

经济风险(如对国际客户的销售量下降)不会在资产负债表上表现出来,但其影响却会在损益表中得到体现。

例如,如果本币大幅升值,国内公司就会发现,虽然它千方百计降低生产成本,尽量压低销售价格,它的产品在国际市场上还是太贵。而如果该公司的竞争者恰好处在弱币环境中,那么其竞争者即使不采取任何行动,出口到国际上的产品还是比该公司价廉。

第三节 商品风险

绝对价格变化风险敞口是指商品价格上升或下降的风险。只要企业生产或购买商品,或者它的生存与商品价格相联系,它就会面临商品价格风险。

有些商品无法进行套期保值,因为该种商品没有有效的远期市场。一般而言,如果远期市场存在,期权市场就可能发展起来。期权市场既可以是交易所的形式,也可以是机构间的场外交易形式。

作为场内交易商品市场的替代物,很多商品供应商向客户提供远期合约或固定价格合约。金融机构在市场存在或有助于规避自身风险的情况下,也会向客户提供类似的产品。在有些市场上,尽管金融机构可以从事商品衍生工具交易,但其所能够从事的商品交易类型却受到了相关法规的限制。

一、商品价格风险

当必须购买或销售的商品的价格有可能变化时,商品价格风险就会出现。如果非商品业务的投入、产品或服务与商品相关,那么非商品业务也会产生商品风险敞口。

商品价格风险会影响消费者和最终用户,如制造商、政府、加工商和批发商等。如果商品价格上升,购买商品的成本就会增加,交易的利润就会下降。

价格风险同样也会影响商品生产者。如果商品价格下降,产品收入进而营业利润也会下降。价格风险通常是影响商品生产者生存的最重要的风险,应灵活应对。

本地买方和卖方为了照顾本地客户,很可能会以本币设定商品价格。然而,如果以本币进行交易的商品通常是用其他货币进行交易(如美元)的话,汇率就会成为影响该种商品总体价格的因素,这时就要进一步将货币风险敞口考虑进去。

有些企业通过用本币报价来帮助客户进行风险管理。企业可以在一段时间内固定商品的价格,或者在改变商品价格的同时允许客户以固定的汇率计算本币价格。在后一种情况下,货币风险完全由商品供应商承担。而对小企业和那些只是偶尔购买某种商品因而不愿自己进行风险管理的企业而言,这两种方案都很有效[1]。

二、商品数量风险

企业对商品资产的需求是数量风险产生的原因。尽管数量与价格密切相关,数量风险仍然是一种商品风险,因为供给和需求是实物商品的关键要素。

例如,如果一个农民预期其产品的需求很高并相应地安排生产,那么他就面临着市场需求低于所生产的产品数量的风险。市场需求过低,可能是由若干该农民不能控制的原因所导致的。这种情况一旦发生,即使价格没有大幅变动,该农民也会因为不能将产品全部出售而遭受损失。签订规定了最低商品数量的固定价格合约,就可以规避这种风险。

三、期货顺价和期货倒价

在正常市场即期货顺价(Contango)市场上,未来交付的商品的价格高于现金价格或现货价格。较高的远期价格与从交易日到交付日持有商品的成本相对应;其中包括融资、保险和仓储等成本。现货买方会负担这些成本而期货买方不会。因此,期货卖方通常会要求一个较高的价格以补偿较高的成本。

一般而言,迟延交付的时间越长,卖方收取的仓储费就越

---

①蒋屏,董英杰. 财务风险管理[M]. 北京:高等教育出版社,2018.

高。当交割期临近时,远期或期货价格会与现金或现货价格逐渐一致。市场并非总是遵循正常的价格结构。当市场对现货或近期交付的商品的需求超过供给,或供给出现问题时,就会出现市场价格倒挂即期货倒价(Backwardation)。如果市场参与者哄抬现货的价格,近期交付的商品价格就会超过远期交付的价格。

商品市场如果在一段时间中保持期货倒价状态,则很有可能给企业带来损失。或许公司猜测期货倒价状态还会持续,因而制定了相应的套期保值和交易战略。结果,当市场从期货倒价状态恢复到正常价格结构时,公司就会遭受巨大的损失。

四、商品基差

基差是任何时点上现金或现货价格与期货或远期价格之间的差额。现货和期货价格之间的差额改变所导致的基差的变化,意味着套期保值者额外的收益或损失。远期或期货合约虽能规避价格风险,但不一定能规避基差风险。

假设现货和期货都是完全相同的商品,当期货合约临近交割日时,期货价格会向现货价格收敛,商品基差就会消失。基差变化可能给套期保值带来重大损失。

基差这一术语在期货市场上具有特定含义,在商品市场上也可以指特定的商品特性所带来的差异,如交货时间或地点质量。地点基差计算指的是通过调整市场价格(如期货交易所决定的价格)来反映当地特征和价格。

基差随时间而变。对使用不完全套期保值的套期保值者而言,基差也是一种风险来源。

五、特殊风险

商品在若干方面与金融合约具有显著的不同,这主要是由于大多数商品都可能涉及实际交付。以电这种商品为典型例子,商品涉及质量、交付地点、运输。损耗、短缺和可存储性等问题,这些问题都会影响价格和交易活动。

另外,市场需求和替代品的供应也是需要考虑的重要因素。如果某种商品太贵而使其潜在替代品的价格变得更有吸引力,或者二者之间存在交付上的差别,那么需求可能会暂时转移,甚至可能会永久转移。

第四节 信用风险

信用风险是金融界和商业界最普遍的风险之一。总的来说,当企业有未收回的欠款或必须依赖于其他公司向它支付或代表它支付时,就应该考虑信用风险问题。如果交易对方对企业不存在净负债,那么对方的破产对企业来说就不是太大的问题,不过这在某种程度上还取决于法律环境的约束,以及单个合约中的资金是按净额计算还是按总额计算的。证券发行人等主体的信用质量的恶化,会使企业持有的证券的市值下降,因而也是一种风险来源。

到期时间、结算时间或期限越长,信用风险就越高。由国际性监管者缩短特定类型的证券交易的结算时间,是降低系统风险的一种尝试。系统风险建立在单个市场参与者风险的基础之上。当利率升高或经济基本面不佳时,系统风险也会升高。

所有依赖于他方进行支付和履行合约义务的商业和金融交易,都会使企业面临信用风险。交易对方风险敞口所导致的风险(如在衍生工具交易中),通常被称为交易对方风险(Counterparty risk)。

一、违约风险

当借款人无力或不愿偿还所借款项时,就会产生违约风险。这种风险在放贷或投资中都会出现。风险数额等于违约数额减去可以从借款人那里收回的数额。在很多情况下,违约数额占了贷出资金的大部分甚至全部[①]。

二、交易对方结算前风险

除了结算风险,当对方违约或不按合同规定的条款履行义务时,企业就很可能需要按远不如前的价格签订新的合同,这时也会产生交易对方风险敞口。假设不要求全额结算,风险数额就等于企业被欠的未来现金流的净现值。

潜在的未来交易对方风险敞口是对市场利率发生有利变动时的潜在未来重置成本的概率估计。市场利率变动对套期保值者有利,意味着套期保值者面临更大的未实现收益,但也意味着违约事件发生时更大的损失。风险数额就等于该企业可能被欠的未来现金流的净现值。

三、交易对方结算风险

当发生与合同相关的支付行为,特别是交易双方间的交叉

---

①刘晓欧,韩广海.财务管理与风险控制[M].哈尔滨:黑龙江科学技术出版社,2017.

支付时,结算风险就会产生。它有可能导致巨大的损失,因为如果交易一方在结算过程中无法履约,交易双方间的全部支付数额都会面临风险。因此,由支付的性质所定,风险数额可能相当可观,因为名义数额可能全部面临风险。因为可能带来损失,结算风险是主要的市场风险之一。市场参与者和监管者都在采取措施降低这种风险。

结算风险同样存在于场内交易合约中。不过场内交易合约的交易对方通常是清算机构或清算所,而非个体机构。

四、主权或国家风险

主权风险包括各种影响国际交易和资金跨境流动的法律、监管和政治风险。它通常产生于政府和国家行为,并且通常会导致显著的金融波动。

任何对非国内企业的风险敞口都涉及对相关主权风险的分析。在政治不稳定地区,考虑主权风险尤其重要。

五、集中风险

集中化是信用风险的来源之一。企业若对集中化程度较高的部门存在信用风险敞口,就面临着集中风险。由于行业或地区影响而未多元化的企业就存在着集中风险。尽可能提高多元化程度,可以非常有效地规避集中风险。

六、法律风险

交易方无权或无力合法从事交易(特别是衍生工具交易)的风险,就是法律风险造成的。过去,交易方因未结算的衍生工具合约而遭受损失时,往往会发现是由于法律风险造成的。因为许多衍生工具交易参与者都是企业为特殊目的而建立的全资子公司,所以交易方的法律结构就成为与法律风险相关的问题。

如果某实体的员工有足够的权限参与衍生工具交易,而该实体自身却没有,这时也会产生法律风险并可能导致损失。因此,企业必须确保交易对方有,足够的法律权限参与交易。

第五节 操作风险

操作风险是由人为差错和欺诈行为、流程和程序以及技术和系统引起的风险。操作风险是企业面临的最大的风险之一,因为它可能造成多种损失,而且一旦发生,损失就会特别大。

一、企业财务操作风险的种类

(一)人为差错和欺诈

多数商业交易都涉及人的决策制定和人际关系。金融交易的规模和数量使得重大差错或欺诈的潜在破坏作用特别巨大。

(二)流程和程序风险

流程和程序风险指的是流程、程序控制、监控和平衡等的缺失或无效而造成不利后果的风险。控制不足就是一种程序风险。

(三)技术和系统风险

技术和系统风险指的是产生于支持企业流程和交易的技

术和系统中的操作风险。

二、加强内部控制防范操作风险的主要措施

(一)完善财务公司内控管理机制

财务公司应建立决策系统、执行系统、监督反馈系统相互制衡的内部组织结构,建立合理、科学的部门架构,实现前后台分离,并具体规定前后台互相核对、互相制约的工作流程,避免前后台职责混淆带来的风险可能性[①]。

(二)健全公司管理制度,落实岗位职责

根据权力适度分离原则划分内控管理组织层次,将公司业务事前、事中、事后的责任明确,管理到位。建立完善的授权体系,明确所有参与公司治理人员的权限,使每一级人员的操作风险都在可控的授权范围内,使越权的行为受到限制而无法操作。优化内控流程,制定公司各项业务的规章制度和操作规程,实现内部控制的科学化和程序化。明确各部门职能及岗位责任,加强对不相容的岗位的分离,实施重要岗位轮岗轮调、强制休假制度和离岗审计制度,避免重要岗位权力过于集中。建立强有力的事后风险监督控制机制,充分发挥内部稽核的监督作用,对行为失范的适时检查制度保证控制措施的有效性和完整性。

(三)建立并使用先进的风险管理技术和工具

公司要建立并熟练运用先进的风险管理技术和工具,提高对现有数据信息的分析、运用能力,建立现代化的数据信息收

---

① 王字运 . 企业财务管理的风险及措施[J]. 今日财富:中国知识产权,2019(01):86.

集和处理系统,加大数据储备,根据相关性、可计量性、风险敏感性和实用性原则建立操作风险监测及预警指标体系,设置操作风险关键风险指标及相应预警值,提前发出警报和提示,对各业务条线操作风险特点有针对性地进行管理。对操作风险关键指标持续监测,及时发布预警信息,定期报告操作风险状况和损失情况。当预警指标值达到或突破某一界限时,相关部门就需要对该指标所涉及的操作范围、人员及操作程序实施预警管理,及时采取风险控制措施,降低操作风险损失事件的影响程度和发生频率。

(四)注重人力资源管理,提高员工内控意识

公司应努力营造积极稳健的企业合规文化,增强员工责任感和使命感。在公司经营管理活动中管理层应以身作则,为员工树立榜样。在内控建设中要求全员参与,将内部控制理念、方法深入人心,让员工在公司经营活动中能自觉用制度和准则来约束自我的行为。加大员工业务培训,提高员工整体素质,增强员工的内控意识和风险防范意识。建立人力资源激励机制,落实绩效考核和奖罚制度。根据公司长期发展规划拟订人才培训计划,建立人才储备库。加大引进和聘用金融、证券、法律等领域的专业人才,实现经营业务决策专业化,满足各业务条线内控工作对人才数量的要求。

第三章 企业财务风险管理的具体内容

第一节 企业流动资产风险管理

一、现金管理——收付风险

（一）风险识别

这里现金是指库存现金、银行存款及其他货币资金。现金收付风险是指企业在生产经营循环中，无法按时回收到期的货款，或无法及时偿还到期债务的可能性。现金是企业最敏感、最容易出问题的资产。对现金收付风险的监控，是企业风险管理活动的一个重要组成部分。现金收付风险的来源很多。从微观上看，企业生产经营活动直接面对广大市场，客户信用水平千差万别，这是产生收付风险的外在原因。为降低资本成本，企业可能运用一些延期付款策略。另外，企业本身工作人员业务素质和道德素质不可能尽善尽美，管理制度可能存在的漏洞，是产生收付风险的内在因素。从宏观上看，利率市场和汇率市场的经常性波动——如贸易量、资金短期投机性流动、资本长期流动引起的汇率变动——都可能是企业现金收付风险的来源。

(二)现金管理策略

1.现金集权管理与分权管理

(1)现金集权管理与分权管理的适用对象

现金集权和分权管理,主要是针对跨国公司而言的,但其中的一些做法,也值得国内企业学习和借鉴。集权型财务政策在中型跨国公司内较为常见,因为其拥有较强的经济实力和较多的财务专家。小型公司缺乏资金来源和财务专家,且经营管理以灵活多变见长,因此多将财务管理的决策授予子公司的经理,使它们靠自己的财力扩大业务规模;大型公司资金雄厚,但因为子公司多、产品种类复杂、所处环境不同等因素,财务管理偏向于分散。当然,实行集权或分权管理,还与公司股权结构、公司生产技术水平、文化传统等因素有关。

(2)现金集权和分权

集权型现金管理体现的是一种集团中心经营理念,它将海外业务看作国内业务的扩展。具体做法是,将集团公司内所有现金(或财务)政策的制定、执行、解释和业绩考核评价权力集中于总部的财务中心,现金政策包括款项的回收、付出、现金资产的使用等等。集权型现金管理的核心环节体现在设立资金库对日常资金使用进行调控上。

集团公司所辖世界各地子公司在母公司开立存款账户,子公司除保留日常经营所需资金外,其余资金统一上划至总公司账户。总公司根据各子公司资金余缺的不同将资金调剂使用,既可以减少资金冗余,又可以减少子公司因临时资金不足向所在地金融机构借款的次数,节约资本成本。由于总公司拥有较为优秀的财务专家,信息传递也比子公司灵活和快速,因此可以迅速作出决策。集权型现金管理的不足之处在于：一是容易挫伤子公司经营的积极性，因为资金的强制集中可能使子公司丧失很好的投资获利机会；二是经营考核更为困难，因为部分子公司可能从总公司获得了低廉的资金支持，有些子公司则相反；三是资金的集中可能会受到子公司所在国家的外汇管制而无法实施，或者实施后引起所在国资金管理当局的不满①。

分权型现金管理的优缺点和集权型管理的优缺点刚好相反，有利于充分调动子公司的积极性，处理好和所在国的关系，但不利于实现集团的整体利益。

2.现金预算

（1）现金预算的类型

现金预算并不是强制性的，除非银行或类似资金提供者要求企业这么做。从企业自身来说，是否编制现金预算，取决于成本效益原则是否能得到满足。因此现金预算可分为积极现金预算和消极现金预算，前者是企业主动对现金流动情况进行预测以满足提高企业经营管理水平的需要，并且随时对预算进行调整修订；后者则多用于检测企业是否具有良好的流动性。

按编制基础的不同，现金预算可以分为三类：以现金流量表为基础的现金预算；以资产负债表为基础的现金预算；以利润表为基础的现金预算。以现金流量表为基础的预测主要是针对短期预测而言的，一般预测时间在一年以内。运用这种方法要对预算期内的现金流入和流出进行预测，其中现金流

---

①赵燕,李艳.企业财务管理[M].北京:首都经贸大学出版社,2016.

入项目主要有销售收入、从金融机构获得的借款等；现金流出项目主要有销售成本、期间费用、利息支出等。需要注意的是，要经常将预算结果和实际情况进行对照，分析实际结果和预算的差异，不断修正和调整预算。以资产负债表为基础的预算主要针对长期而言，更适合作为战略预算，涵盖的期间包括企业未来发展的若干年，这种预算主要根据企业近年来的发展速度（如资产保值增值率）进行。以利润表为基础的预测适合长度为 1～2 年的中短期规划，它也是用年度的利润增长速度来预测下一年度的收入支出情况，进而对现金增长需求进行估计。

（2）现金预算的密度

现金预算的密度是指编制现金预算的时间跨度和编制时间间隔，即现金预算期间是一年以内的，还是超过一年的，编制的预算是按一周的时间间隔编制的，还是编制月度、季度或年度的预算。现金预算的密度和企业的经营产品种类、行业特点、企业规模、编制人员的素质和经验等都有关系，不能说周期越短、内容越详细越好。

（3）现金预算的空间范围

现金预算的空间范围是指编制的现金预算是一个独立经营单位的，还是整个企业集团的；是母公司记账本位币的现金预算，还是包括所有子公司所在国货币币种的现金预算。

（4）现金预算的调整

作为积极现金预算，企业需要根据碰到的实际问题和获得的最新信息对现金预算进行不断调整和修订，特别是当初编制预算所假定的基础不再存在或假设前提不再成立时。还有一种可能是,企业初次编制现金预算,或面临的是自己不熟悉的新的经营业务,不确定情况较多,在预算执行过程中则要不断进行修正。随着企业现金预算的改进,对现金流动性的认识会越来越科学,可以减少对敏感性分析的依赖。必须看到,现金预算的功能强弱取决于它和实际情况的一致程度,如果没有意外发生,而编制的现金预算和实际情况相差甚远,就应着手分析差异产生的原因;当然,现金预算的改进是一个持续不断的过程,不能因为开始预测的不准确就对现金预算的可操作性产生怀疑,而应着眼于差异产生的原因和编制预算计划程序的改进。

3.现金回收与划转

(1)加速收款

为提高资金使用效率,企业应在不影响与客户关系和销售规模的前提下,加速应收款项的回收。加速收款可能遇到的问题有:如何缩短客户汇款在途时间;如何缩短收到支票和存入往来银行的时间;加速收款增加的营业费用等。加速收款可能会损害企业和客户的关系,但只要企业给予客户的信用期限不低于行业的通常标准,对客户及时付款进行善意的提醒是必要的,因为即使是正直的客户也有可能有意无意地计划在款项到期的最后期限时才付款。

(2)延期付款

当企业面临短期资金周转困难时,延期付款是一种可行的选择,因为对销售方来说,延期付款总要比失去一个客户更能让人接受。企业应认真考虑延期支付所可能带来的后果,特别是供应商的财务状况和商业地位,因为延期付款是以供应商的现金流量恶化为代价的,如果延期付款导致供应商降低服务标准或停止提供服务,而供应商是企业战略供应链上不可缺少的重要一环时,这样做显然得不偿失。

（3）与银行关系

企业应与结算银行保持较为稳定的合作关系,除非往来银行的经营策略发生变动而有损企业的利益,或者银行提供的服务已无法满足企业快速发展的需要,或者转移账户可以给企业带来明显的经济效益,如结算上的便利、收费上的优惠等。与银行长期稳定的关系有助于企业实现现金账户的科学筹划,商业银行还有可能对关系较好的往来客户提供理财方面的个性化服务或建议。

（4）净额结算和重开发票中心

净额结算适用于处理跨国集团公司内部之间的大额交易。具体做法是,采取净额结算的子公司都在母公司开立资金结算账户,当母子公司或子公司间发生经济业务往来产生应收应付款项时,公司之间并不即时结清款项,而是在母公司集中记载账务明细,到规定结算的时间(如每月底),由母公司计算出每个子公司应收款项减应付款项后需结算的净额资金,再据以进行账务划转。净额结算给公司带来的好处显而易见,一是简化子公司财务处理上的手续;二是避免资金在不同国家间频繁流动时产生的汇兑损益。当跨国公司设立了净额结算系统时,一般会同时设立重开发票中心。重开发票中心通常设立在可以获得税收优惠的国家,当所在国消费者大额购买当地子公司的货物时,子公司不直接向消费者开具发票,而是向重开发票中心开票,由重开发票中心再向当地消费者开具发票;同样,当子公司在当地购买商品或劳务时,直接由供应商向重开发票中心开发票,再由重开发票中心按当地货币给子公司开票。这样子公司用当地货币进行结算,没有外汇风险,而重开发票中心可以通过多笔业务集中起大量以当地货币表示的发票交易,集中进行风险管理,在和银行结汇时可以获得汇率优惠,同时避免频繁结售汇增加财务负担。

(5)零余额账户

零余额账户的开立基于财务集中的设想,公司往来银行被赋予某些权力,在营业终了或指定时间将指定账户的金额划转到集中账户,从而使该种类账户的余额为零,此类账户一般是企业的资金收入户。设立零余额账户对企业提高现金控制水平十分有效;当收入账户金额较小时,为减少工作环节,企业也可以和往来银行约定当账户余额达到一定数额时再进行划转。目前中石化公司通过结算银行(中国工商银行和中国建设银行)的零余额结算账户,已在地市级以上分公司中实现了当日汽油销售款直接上划至总公司,大大提高了资金使用效率。

4.现金合并与集中账户

基于财务集中的思想,当企业集团存在多个分公司,而分公司都具有自己的账户时,可以建立现金合并协议,将盈余资金从一个公司转入资金不足的公司。现金集中对集团公司的用处很大,特别是分公司资金余缺情况不一,资金盈余和透支情况都存在时,使用现金合并和集中账户,可以避免不必要的透支利息。同时,中心财务部门由于具有较大的规模和实力,在和银行等金融机构协商资金筹措条件时可以处于比较有利的地位,为集团公司获得较为优惠的借款利率和借款期限。

二、应收账款管理——信用风险

(一)信用风险识别

在任何时候,只要获得某一产品或服务而不需立即付款,对提供产品或服务的公司而言就存在着信用风险。信用风险可能引起坏账损失、利息成本和对延迟付款进行追踪调查的管理成本。一般工业企业的经营活动总是要面对信用风险,最主要的原因是赊销和应收账款的存在。在大多数企业中,卖出产品或服务是企业首要的任务,而研究购买者是否能付款是次要的考虑。换言之,大多数企业中销售部门的地位通常要高于信用部门。

应收账款管理的目的就是正确衡量信用成本和信用风险,合理确定信用政策,及时收回账款,保证流动资产的真实性。应该看到,管理好信用风险不是一般企业所能及的,这超越了他们的核心竞争力范围。

(二)信用风险管理策略

信用风险管理是指通过制定信息政策,指导和协调各机构业务活动,从客户资信调查、付款方式的选择、信用限额的确定到款项回收等环节实行全面监督和控制,以保障应收款项的安全、及时回收。

1.现金管理与应收账款管理的关系

现金管理者可能会碰到的第一个问题是,为什么要关心应收账款管理? 应收账款不是应该由管理销售和信用的人负责吗? 现金管理者或者至少是现金管理系统与销货和信用的功能是互相影响的,现金管理系统处理和沟通信用部门需要的信息,使它有效地发挥信用的功能,信用部门对逾期应收账款采取的收账措施会同时影响收账系统的功能和现金流量预测的准确性。因此,应收账款管理的好坏和能否有效管理现金是分不开的。

2.信用分析与信用等级评定

(1)信用分析的主要环节

信用决策是关于借款者偿还能力的个人评判的反映,主要依赖于企业信用管理者的经验。一个完整的信用分析过程,至少要包括以下一些内容(假设新客户对企业的发展具有战略性的影响,即非常重要的客户):①客户所处的行业结构,发展趋势,在行业中的地位,一个公司的商业市场份额水平、经营业绩等能帮助企业了解客户利润动态变化的远景情况。②对客户高层管理者的经营战略进行评价,同时,对生产、财务、营销等重要部门经理的管理风格要有初步了解。③对客户的资产负债表、利润表、现金流量表进行分析,发现客户各阶段发展趋势和波动情况,客户产销平衡与否是决定能否及时回收应收账款的重要条件,当前分析重点有从资产负债表转向现金流量表的趋势。

(2)信用等级评定

在信用评级中,信用机构关注的主要因素有:①商业风险,如行业特征、竞争态势、管理风格等;②财务风险,如财务特征、财务政策、财务灵活性、盈利能力、资本结构、现金流动性等。在这些大的方面中,行业风险(对企业所在行业的生命力及稳定性的分析)可能是评级决策中最为重要的指标,因此企业经济的基本要素如供求特征、市场领导地位、成本优势是构筑企业良好信用的前提。按照国际惯例,企业信用一般分为三级九等,分别是 A 级、B 级和 C 级,AAA、AA、A、BBB、BB、B、CCC、CC、C 九个等级,分别对应不同的信用风险水平,通常认为对 A 级以上的企业授予信用是安全的。

3.信用风险控制

坏账的形成与采用赊销方式销售的企业管理水平相关,虽然中国的资信信息环境建设尚处于起步阶段,但企业的资信调查服务还是有的,只要企业信用管理部门有效发挥作用,绝大多数信用风险是可以被避免的。

(1)应收账款监督

企业面临的经营环境是不断变化的,当条件变化时,信用政策和实施这种政策的程序也要随着变化,一个不断完善的信用政策要求有一个同时能监督个别应收账款及其总额水平的系统,这个系统能适当完成收账任务,并利用其监督结果为以后的信用决策提供依据。

第一,个别账户的监督。监督个别账户主要是确定客户的付款是否符合约定的条件,何时开始收款实务和是否增加信用额度等。主要管理方法是编制账龄分析表和进行平均收账期监督。账龄分析表列示了每个客户所欠账款的数额和时间,有助于管理者辨别有多少欠款在信用期内,有多少已超过信用期,超过时间的长短,有多少最终形成坏账等,以便作出相应对策。平均收账期可以根据查询每份订单的发票日和收到货款日的天数确定,对平均收账期在信用期限内的客户,可以考虑增加其信用额度,对平均收账期远超出信用期限的客户,应及时采取措施催收欠款并不再进行赊销。

第二,总账的监督。监督应收账款总账的收账过程对企业而言更为重要,从某种意义上说,企业流动性的强弱取决于应收账款能否及时回收。

监督的方法和个别账户的监督类似,主要的内容有:赊销回收天数;总账账龄分析表;付款比例。赊销回收天数是衡量应收账款回收速度的主要指标;总账账龄分析表列示了不同期限(如3个月内)应收账款在总账中的比例以及逾期账款占总应收账款的比例;付款比例是指销货后的一定时间内,收现额占当月销货的比例。

(2)应收账款催收

逾期应收账款产生有外部原因,如客户遇到了特殊困难,或是因为一些自然的不可抗力造成了客户不能付款,也有相当比例的逾期应收账款是由于客户不讲信用造成的。企业内部管理造成的应收账款逾期,主要责任在信用管理部门。大多数现金管理者很少直接参与逾期账款的催收工作,但应收账款催收关系到企业现金流动能否正常进行和继续下去,因此要把收账系统的信息沟通和现金系统联系起来。催收账款的一般程序是:邮寄原始单据,以付款通知书礼貌地提醒对方付款期已到,应予付款;电话催收,通过与客户经办人员的交谈了解客户迟延付款的原因;派员上门直接面谈,对欠款客户进一步施加压力;采取法律行动,这种收账方式的代价很高,只有在所有收账手段均无效而客户欠款数额又很大的情况下使用。

客户拖欠货款的原因可以概括为两类:无力偿付和故意拖

延,应根据不同的原因采取不同的催收账款方法。对无力偿付的客户,如果其只是遇到暂时困难,经过努力可以东山再起,企业应暂缓催收货款,帮助其渡过难关,以保证应收账款的完整性和安全性;对确实资不抵债,且扭亏无望的客户,企业应尽早诉诸法律,减少损失。对故意拖欠的客户,则需要采取一定的策略,尽量避免在伤害和客户关系的前提下收回货款,在下次销售时则要注意减少和这类客户的往来。

(3)信用政策反馈与调整

一般而言,绝大多数通过企业资信调查审查的客户是重视其信誉的,如果公司的信用政策和程序未达到既定目标,首先应该检查信用管理部门的措施是否适当和到位,然后对信用政策和追账程序作适当的变动:如果没有正确地执行信用政策,就应该适当改变信用程序;如果正确地执行了信用程序,就应该适当变动信用政策。企业制定的信用政策如果过严可能会伤害部分客户,影响企业未来的销售和盈利;如果信用政策过宽,又可能导致逾期账款过多。企业应根据实际情况制定宽严适度的信用政策,并根据内外部环境的变化不断作出调整。

第二节 企业债务筹资风险管理

一、债务筹资风险的识别

(一)债务筹资风险的类型

债务筹资风险是指因企业的举债经营而导致偿债能力的

丧失或企业举债后资金使用不当导致企业遭受损失及到期不能偿还债务的可能性。债务筹资风险主要有两种表现形式：支付性债务筹资风险和经营性债务筹资风险。

支付性债务筹资风险是指在某一特定的时点上，负债经营的企业现金流出量超过现金流入量，从而造成企业没有现金或没有足够的现金偿还到期债务的可能性。由此可见，支付性债务筹资风险是由于一时的现金短缺或债务的期限结构与现金流入的期间结构不匹配所引发的。其具有以下特征：①它是一种个别风险，表现为对某项债务不能及时偿还，造成对企业信誉的负面影响；②它是一种现金风险，只牵涉企业一时的现金不足，与企业的盈余状况并没有直接的联系；③它是一种企业理财不当的风险，表现为现金预算与实际情况不符而导致的支付危机，或者说是由于资本结构安排不当而引发的较高的债务成本与较低的获利能力所造成的偿付困难的风险。支付性债务筹资风险是企业财务管理上的责任，相对来说该风险对企业所造成的危害比较小，只是对债权人的债权回收时间有所影响，因此影响的只是债权人的利益而对企业所有者的直接影响并不大，并不会构成企业的终极风险。即使在许多管理先进的企业，支付性债务筹资风险也是无法完全避免的，但考虑到企业的良好信誉和形象的维护，企业应该尽量降低支付性债务筹资风险的程度。

经营性债务筹资风险是指企业在收不抵支的情况下而出现的不能偿还到期债务的风险。一般而言，企业收不抵支意味着经营出现了亏损，亏损额必然要抵消掉企业相应的净资产，从而减少可以作为偿债保障的资产总量。在负债不变的情况下,企业亏损越多,则用自身资产来偿还债务的能力就越低。如果企业不能及时扭转亏损状况,势必会产生终极经营性债务筹资风险,从而陷入财务困境,最终导致企业破产,具体表现为企业破产清算时的剩余财产不足以支付债务。导致经营性债务筹资风险主要存在两方面的责任:一是企业的经营获利能力低下;二是企业的财务管理不当。

(二)债务筹资风险的影响因素

企业债务筹资风险的形成既受企业举债筹资的影响,也受举债之外因素的影响。举债筹资的影响因素主要有负债规模、利息率、期限结构、债种结构、利率结构、币种结构以及企业的投资决策等,我们把这类因素统称为债务筹资风险的内部因素;举债筹资之外的因素主要是指企业所处环境的变化因素,我们把这类因素统称为债务筹资风险的外部因素。

1.内部因素

(1)负债规模

负债规模是指企业负债总额的大小或在资产总额中所占比重的高低。"天下没有免费的午餐",债务筹资也一样,只要企业负债规模增大,相对应的筹资成本——利息费用支出就要增加。因此,由于收益降低而导致偿付能力的丧失或破产的可能性也随之增大;同时,股东收益的变化幅度就会加大。所以负债规模越大,企业潜在的债务筹资风险程度就越大。

(2)利息率

在负债等量的条件下,负债的利息率越高,企业发生的偿付风险就越大。不仅如此,在息税前利润一定的条件下,负债的利息率越高,财务杠杆作用越大,股东收益受影响的程度也越大。因此,债务的利息率与企业的债务筹资风险程度呈同方向变化。

（3）期限结构

是指企业所拥有的长短期负债的相对比重,即（短期借款+平均应付账款+平均应付票据+应付工资+应交税金+应付利润+平均其他应付款+预提费用）/（长期借款+应付债券+其他长期应付款项）。若负债的期限结构安排不合理,例如企业需要长期资金但采用了短期借款,或者相反,都会增强企业的债务筹资风险。但一般而言,企业所用的债务资金到期日越短,其不能偿还本息的债务筹资风险就越大;债务资金到期日越长,企业的债务筹资风险就越小。理由很简单:①长期借款的利息费用在相当长的时期内是固定不变的,而短期借款的利息费用在相当长的时间内很可能会有大幅度的波动;②如果企业大量举借短期借款用于投资长期资产,那么当短期借款到期时,由于投资的回收期还没有到,可能会出现难以筹措到足够的现金来偿还短期借款的情况。此时,如果债权人由于各种原因而不愿意将短期借款延期,则企业有可能会被迫宣布破产。

（4）债种结构

债种结构是指企业采用不同的筹资渠道所筹集来的资金的比例关系。从大的方面考虑,即银行贷款、发行债券、融资租赁、商业信用这四种负债方式所筹资金各自所占的比例之间的关系。金融市场的发展带来了负债筹资形式及方式的多样化,使企业不仅可以通过银行贷款取得所需资金,而且可以通过商业信用以及证券市场等渠道获取资金。但不同的债务筹资方式,取得资金的难易程度不同,所以其资本成本的水平不一,对企业约束程度也就不同,从而对企业收益的影响肯定是不同的,因此,债务筹资风险的程度也就不同①。

(5)利率结构

负债的利率结构是指企业以不同利率借入的资金之间的比例关系。通常在企业负债中,银行贷款利率比相应的公司债券利率、融资租赁利率要低,但比商业信用成本高;但银行贷款利率一般为浮动利率,债券、融资租赁一般为固定利率。债务利率结构中基本利率高低,以及利率的固定与浮动,都会涉及负债的资本成本,从而影响债务筹资风险。

(6)币种结构

负债的币种结构是指企业借入的外币资金之间的比例关系。由于各国的经济、政治等情况影响其货币的保值问题,当借入的外币在借款期间升值时,企业到期还本付息的实际价值就要高于借入时价值;而当借入的外国货币贬值时,到期仍要按借入额归还本金,按原利率支付利息,从而使实际归还本息的价值减少。因此,如果企业在借入外币时选择硬币种,在收汇时收取软币种,那么企业在无形中就会增加债务负担,遭受损失。因此企业的币种结构也会影响到企业债务筹资风险的程度。

2.外部因素

企业外部环境的不确定性对企业债务筹资活动有重大影响。例如,国家根据国民经济运行态势不断调整宏观经济政策,在经济不景气、通货膨胀率上升时期,采取紧缩政策,银根

---

①田瑞. 企业财务管理[M]. 北京:中央广播电视大学出版社,2014.

紧缩可能会使依赖负债经营的企业陷入困境,这是因为:①物价上涨会导致企业资金需求量增加,企业自身资金紧缺而又难以筹集到新的资金;②原有的债务到期要还,由于债权人对原有债务只收不放或者多收少放,导致企业资金储备不足,原材料储备减少,生产削减利润下降甚至亏损。对于使用长期负债进行投资的项目,随着信贷规模缩减,投资规模受到影响,从而延长建设周期,使投资的预期收益难以实现。又如,利率、汇率的变动对企业债务筹资风险将产生直接影响。随着经济全球化、一体化的发展,汇率风险的影响会越来越突出。

(三)债务筹资风险的识别

债务筹资风险的识别方法很多,在这里主要介绍资产负债表结构识别法。企业资产负债表(B/S)的结构主要有四种类型:保守型、稳健型、风险型、非正常型,见图3-1~图3-4。企业的管理者可根据不同的结构类型来识别债务筹资风险程度的高低。

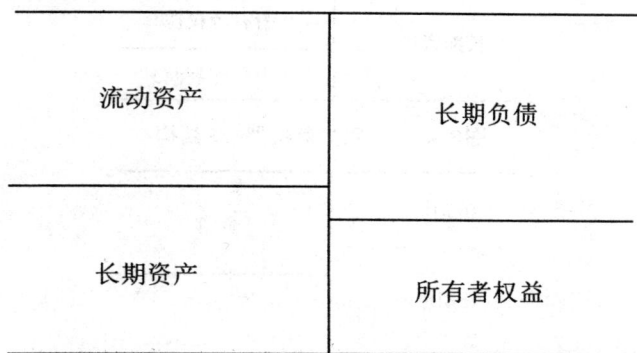

| 流动资产 | 长期负债 |
| 长期资产 | 所有者权益 |

图3-1　保守型B/S结构

流动资产	流动负债
长期资产	长期负债
	所有者权益

图 3-2　稳健型 B/S 结构

流动资产	流动负债
长期资产	长期负债
	所有者权益

图 3-3　风险型 B/S 结构

流动资产	流动负债
	长期负债
长期资产	所有者权益
	（未分配利润）

图 3-4(a)　财务危机型 B/S 结构

流动资产	负债
长期资产	亏损

图 3-4(b)　财务危机型 B/S 结构

1.保守型资产负债表结构

这种类型的资产负债表在企业的实际业务中并不多见。企业用长期负债来满足短期资金的需要,投资者投入资金来满足长期资金需要。在这种情况下,企业的整体风险较低,但资本成本最高,相对而言使企业的收益达到最低,而且企业的资本结构的弹性非常弱,具有很强的刚性,很难调整。

2.稳健型资产负债表结构

拥有这种类型资产负债表的企业比较多见,企业用短期负债和部分的长期负债投资于流动资产,而用其余的长期负债和股权资本投资于长期资产。一般采用该种资金使用方式的企业会保持一个良好的财务信用,而且其资本成本具有可调性,其中包括了对企业债务筹资风险的调整,并且相对于保守型来说,因为有了流动负债,其资本结构就具有了一定的弹性。

3.风险型资产负债表结构

顾名思义,拥有该种类型资产负债表的企业的债务筹资风险比较明显。其采用部分流动负债满足了所有短期资金的需求,使用其余部分流动负债和所有长期负债及所有者权益来满足长期资金的需求。很明显,流动资产变现后并不能全部清偿流动负债,那么企业便会被要求用长期资产变现来满足短期债务偿还的需要,但长期资产并不是为了变现而存在的,所以企业的债务筹资风险极大,可能会导致企业黑字破产(一般是指资金周转困难而发生的破产,如企业负债结构安排不当造成债务集中到期而发生偿付困难)。

4.非正常经营(处于财务危机)的企业的资产负债表结构

图3-4(a)描述的是企业经营亏损,未分配利润为负数;图

3-4(b)描述的是企业股权资本全部被经营亏损所侵蚀。如果没有外来资金支持,企业破产无疑。由于经营亏损发生的破产,一般称作红字破产。

二、债务筹资风险管理的策略

(一)债务筹资风险的防范

负债经营是现代企业的主要经营手段之一,运用得当会给企业带来收益,成为发展经济的有利杠杆。但是,如果运用不当,则会使企业陷入困境,甚至会使企业陷入破产的境地。因此,企业对负债经营的风险应有充分的认识并采取必要的防范措施。

1.债务筹资风险管理计划

企业要真正达到防范债务筹资风险的目的,首先就是要切实从自身情况出发建立相应的企业债务筹资风险管理责任制度,在可能的情况下,企业要在财务部门下设立债务筹资风险管理小组。小组的主要职责是分析企业债务的结构,编制债务现金流量表,分析债务筹资风险的来源,拟定风险的管理策略,建立债务筹资风险管理体系,收集资本市场的资料,分析市场走势。该专门小组的设立是建立和完善债务筹资风险管理责任体制的第一步。

2.进行债务筹资风险预警分析

随着资本市场的发展,筹资品种的市场价格、利率、汇率的波动日益加剧,资本运行在不确定因素下对增长和利润不断放大,使企业不得不面临越来越大的风险,因此,企业必须立足市场,建立一套完善的风险预防机制和财务信息网络,及时地对财务风险进行预测和防范,制定适合企业实际情况的风险规避方案。

(二)债务筹资风险的控制

"企业进行杠杆融资就像驾驭着一辆轿车,方向盘中心正有个锐刺直指你的心脏。只要公路平稳,不会有什么问题。但一旦路上有点颠簸,你可能就会丧命"。美国花旗集团前董事长沃尔特·瑞斯敦(Walter Wriston)说过:"生活的全部内容是风险管理,而不是消除风险。"风险管理与控制包括借、用、还三个环节,注重债务资本的流动性、经济性和安全性。

1.流动性

(1)长期债务与短期债务相结合

企业可用短期债务来筹资,也可用长期债务来筹资。不同期限结构的债务对企业债务筹资风险具有不同的影响。在资金总额固定不变的情况下,成本较低的短期资金增加,企业利润就会增加;如果流动资产水平保持不变,则流动负债增加使流动比率下降,企业的短期偿债能力减弱,增加了债务筹资风险,即高风险高报酬。

但是,企业的财务管理者仅仅从债务的期限结构这一角度考虑如何从流动性上来控制债务筹资风险是远远不够的,因为并不能说短期债务筹资高于(或低于)长期债务筹资就是好的,企业的财务管理者只能从筹资方式上考虑哪一种类型的筹资更为有利。企业的资金筹集要考虑企业的投资、发展规模,从企业自身的需求来考虑问题。因此债务的期限结构要与投资的期限相结合才更能解决风险的控制问题。

(2)债务期限与投资期限相结合

企业在进行筹资与投资的过程中,应该注意资产占有与资金来源合理的期限搭配,合理规划债务的期限,使其与投资期限相衔接,并安排好企业的现金流量。保守的企业管理者一般应选用债务期限稍长于投资回收期的债务筹资方式。如果选择了债务期限过长的筹资方式对降低企业的债务筹资风险有利,但长期资金短期使用,资本成本太高;反之,若选用还款期过短的筹资方式,虽对于降低资本成本有利,但企业过于频繁地偿债、举债,债务筹资风险自然就会增加,而且一旦企业的现金流量不稳定,就会影响到企业财务状况的稳定性。因此,如果企业的借款期限与企业的生产经营周期能够互相搭配,企业的还本付息是不成问题的,所以按投资期限的长短来安排和筹措相应的债务资金是企业控制债务筹资风险的有效方式。

例如,设备的预计使用年限为8年,则应以8年期的长期债务来提高该投资的资金需求;商品存货预计在3个月内销售,那么筹措180天的短期债务来满足该项需求,这样能够较好地将资产使用期限与借款期限结合起来。反之,将该设备款的需求,改用为期3年的借款来满足,则设备运营3年后的现金流量很可能不足以偿还到期债务,企业就将面临较大的支付风险。同样,为了存货等短期资金需求而采用为期较长的债务筹资势必会造成资本成本的增加,从而使企业股东利益受损。因此,使债务与资产营运相适应,合理规划现金流量,是减少债务筹资风险,提高企业资金利润率的一项重要管理策略。

在实务中,通常采用长期资产适合率来分析企业筹资与投资的期限组合。其计算公式为:

长期资产适合率 = (长期负债 + 所有者权益)/(固定资产 + 长期投资)

如果该比率高于100%,说明长期资金除满足固定资产投资之外,还有部分支持短期资金,属于保守的期限组合;如果该比率低于100%,则说明企业长期资金不能够满足固定资产投资需要,还有部分短期资金需要投资到固定资产上来,属于冒险的期限组合;如果该比率等于100%,则属于正常的期限组合。

2.经济性

(1)债务资本成本与投资收益率相结合

债务能否得到偿还是建立在投资的未来收益的基础上的,只有投资的未来收益大于资本成本,债务筹资才是安全的。从企业的财务行为来看,企业无论筹资和使用何种债务资金,都要付出代价,即资本成本。债务资本成本的大小受资本市场供求关系和不同债务筹资方式等的制约。所以在筹资时应将各种方案的债务资本成本加以比较,以资本成本最低者为优。

资本成本最低不是指筹资成本额最小,而是指筹资成本额与筹资总额的比率最小。在筹资中切忌"饥不择食",在我国的国有企业中存在的"虽然资金筹措到手,但投资的目的却未达到"这一现象还是较为普遍的。例如,某些企业获取的投资收益的绝大部分都是用于偿还借款利息,甚至连偿还利息都不够,最终造成企业严重的亏损,以致影响企业的后续筹资。

对某一单个投资项目而言,企业只有在投资收益率高于资金来源的债务资本成本的情况下,财务杠杆才能发挥积极作用,企业才可能在负债经营中谋取更大的利润。当然,一旦前提条件改变,企业投资收益率等于或低于债务资本成本,负债经营的企业不但不能从中获利,反而会受到损失。因此,企业筹集来的资金应主要投放在以下两个方面。

第一,投放到最优的建设项目上,并建立项目资金责任制,保证筹资使用效果。企业在使用债务筹资时,应按计划进行投放,使筹资与投资决策相结合,才能提高资金使用效率。因而,企业在进行项目投资前应进一步组织有关人员进行综合评价和可行性研究,预计未来现金流。从技术上、经济上、效益上给予系统性分析,制定项目的实施方案。在资金安排上,对于符合规定的项目可以按计划投放,做到投入与产出相平衡,提高资金使用效益。另外,对投放的资金制定资金有偿使用管理办法,使项目责任到人,经济责任到人,实行项目实施和验收的监督。同时,项目责任人要既对资本金的回收和占用费的收交负责,又要担负相应的经济责任。因为衡量筹资使用效果的一个重要指标就是投资回收率,资金投放的项目正确,资金就能回收;反之,投资项目失败,资金就会沉淀。

第二,将有限的资金用在高效产品上。资金是企业的血液,资金不足或使用不当,都会影响到企业的生产经营和经济效益。企业应随时根据市场情况调整产品结构,把有限的资金使用在高效益的拳头产品上,若企业没有一种产品能形成规模经济效益,那么,力量分散、效益低下的状况会使企业缺乏自我创新和自我发展的能力,从而影响到筹资的使用效益。

(2)债务筹资与股权筹资相结合

利用最佳的资本结构,也可以控制企业的债务筹资风险。

资本结构是指企业资金来源的构成,通常采用负债总额与所有者权益之比来反映。不同的资本结构使股东面临不同程度的债务筹资风险。从理论上说,最佳资本结构能使企业在一定时期内的加权平均资本成本最低,企业价值最大。

但实际上不同的国家、同一国家的不同行业、地域的最佳负债比也不相同。企业必须在实际工作中不断分析、总结,根据企业自身情况合理安排自有资本和借入资金的比例。为寻找到债务筹资与股权筹资的最佳结合点,企业可以从两个方面进行分析:一是确定企业债务筹资的"度"。从微观层面上讲,确定企业债务规模是否适度主要考虑如下几个因素。

第一,财务杠杆作用。负债筹资是一把双刃剑,既可带来财务杠杆利益,又能引起筹资风险。如果企业一味追求财务杠杆利益,便会加大企业的债务筹资比例,加大企业的债务筹资风险,由于债权人无法按期获得利息的风险相应加大,债权人便会要求企业提供风险溢酬,这就导致企业需要支付的费用增加,同时投资者也因企业风险的加大而要求更高的报酬率,作为对可能产生风险的一种补偿,企业发行股票、债券和借款等的筹资成本便大大增加。所以,企业的负债比应保持在总资本平均成本攀升的转折点,而不能无限度地扩张。

第二,财务危机成本。财务危机的直接成本一般是指破产成本,如企业破产时为所需经历的各项法律程序及其他有关工作支付的费用;企业破产而引发的无形资产损失等。财务危机间接成本主要表现为:企业发生财务危机但尚未破产时在经营管理方面遇到的各种困难和麻烦;发生财务危机时,由于债权人与债务人的利益各不相同,他们之间在投资方向选择上的矛盾与冲突通常会偏离正常的投资决策行为,从而造成企业价值的降低,这种情况在公司发生财务危机时尤为突出。

据有关研究表明:财务危机成本与企业债务水平和企业破产概率三者之间存在着非线性关系,在债务较低时,破产概率和财务危机成本的增长极为缓慢,而当债务达到一定额度之后,破产成本与破产概率加速增长,从而增加企业的财务危机成本。

第三,非负债抵税。现代西方学者认为折旧抵税和投资减税都对负债筹资的抵免税作用具有替代效果,这类因素统称为非负债抵税。它们的存在使企业的负债抵税作用降低,影响企业负债经营的决策。

第四,负债代理成本。负债代理成本的产生是由于债权人享有固定利息收入,且不参与企业经营决策,因此,债权人投资企业后,企业经营者或股东很有可能改变契约原规定的款项用途而进行高风险的投资,会损害债权人的利益,使债权人承担契约之外的附加风险且得不到相应的风险报酬补偿。因此,债权人需要采用保护性合同条款和监督款项正确使用的措施来保护其自身利益免受侵蚀。但这些措施也相应地增加了代理成本,这些成本随企业债务规模上升而加大,债权人以提高贷款利率等方式将代理成本转移给企业,所以企业在进行资本结构决策时要考虑负债的代理成本。

第五,其他因素。除以上几种主要因素外,企业规模、经营收入的可变性、盈利性及产品和生产的独特性等都对企业的负债规模产生不同程度的影响。首先,企业规模扩大会使企业进行多样化经营,有效地分散经营风险,破产概率降低;其次,企业的经营收入变化过大会使企业的经营风险加大,相应地降低负债能力;再次,当一家企业处于破产境地时,生产独特专用品的企业破产清算成本较高,其有特殊技能的工人及专用资产,供给商和客户都将难以迅速地找到新的服务;最后,企业的盈利能力是其负债能力的保证与标志,盈利能力高的企业容易筹集到资金,而盈利能力低的企业由于信誉可能不高,负债规模受到限制。

实务中到底企业的债务应控制在多大的规模内,并无定论,但有很多方法可以供企业采用,企业可以根据自身情况加以分析,确定债务规模。

"财务两平点"就是一个比较简单的方法可供企业使用。其理论依据是:当企业的资金全部为自有资金时,企业只存在经营风险;当企业资金有一部分是借入资金时,如果企业息税前净收益为负,即发生亏损,就要以自有资金支付借款利息,企业丧失偿债能力,便出现债务筹资风险。财务两平点是指企业利润等于零时的经营收益及销售收入。公式为:

$$经营收益 = 借入资金利息$$

$$销售收入 = \frac{借入资金利息}{1 - 销售成本率 - 销售税率}$$

二是债务筹资与股权筹资的选择。在筹资方式选择中,企业可采用资本成本决策法和无差别点法进行分析。

第一,资本成本决策法。如果一个企业的负债规模较小,则偿债能力就较强,债务资本成本和股东要求的股利支付率一般都比较低。随着债务比重的提高,企业偿债能力就会下降,破产风险增加,这时债权人和股东通常都会要求提高利息率和股利率,使资本成本过高。风险决定着企业资本成本的升降变化,资本成本也反映出风险的高低。利用风险与资本成本之间的关系,确定以总资本成本最低的资本结构作为最优资本结构。

第二,无差别点分析。无差别点分析是指对于不同资本结构获利能力的分析。所谓无差别点是指使不同筹资方式的每股收益相等时的息税前利润。在此点上,不同筹资方式的每股收益都相等。因此,从理论上说,选此弃彼,或选彼弃此对普通股东来说都没有关系。由于这种方法主要是分析 EBIT 和 EPS 之间的关系,所以也称 EBIT-EPS 分析法。

3.安全性

(1)债务增长率与收益增长率

要达到债务筹资风险的控制目的,进行企业债务筹资的安全界限分析是十分必要的。传统的做法是在假定期望资本金收益率高于资本成本或平均收益的基础上,判断企业债务筹资是否安全。其主要是对期望资本金收益与风险程度进行比较。在风险为零的情况下,若资本金收益高于机会成本,则使用债务筹资投资该项目是可取的,正常情况下,也是安全可靠的;在存在风险的情况下,若期望资本金收益高于机会成本和可预见风险及不可预见风险之和,则该债务筹资是可取的。只要对企业风险采取有效的防范措施和进一步实施风险转移措施,达到可靠的安全程度是有把握的。

这里我们不妨在考虑传统做法的基础上,再从企业债务筹资的增长率和收益的增长率两者之间的关系角度考虑企业债务筹资的安全界限,也就是从债务增长与收益增长的速度上进行分析。

我们不妨把债务与收益的增长率看作两个正从山上滚下的雪球。我们都知道在厚厚的积雪上面雪球会越滚越大，哪个雪球滚的速度快，哪个雪球就变得更大，而对于企业来说，企业需要顶着"债务雪球"，而对于"收益雪球"企业是踩在上面有助于企业加速奔跑（发展）的。很明显，如果"债务雪球"过大就会压制企业，甚至使企业窒息而死，而"收益雪球"过小企业也没有立足之地；并且"债务雪球"绝对不能在长时期内大于"收益雪球"，如果那样后果只能是企业被埋在雪里悄然死掉。若企业在短期内债务增长率大于收益增长率是可以理解的，但这时企业要提高警惕，适当采取有效措施防范债务筹资风险；若企业长期处于债务增长率大于收益增长率的情况下，企业就需要加以整顿。

（2）债务筹资保险。

保险，既是一种银行信贷分配的调节杠杆和补充形式，又是一种债务筹资风险分散机制，是对未来可能遭受的损失得到补偿的保证。债务筹资保险，即采用保险、担保等方法将部分风险转嫁的做法，保证企业的安全性。

鉴于我国企业目前银根紧缩、信用疲软、债务筹资风险恶化的局面，有必要且有可能将保险机制引入企业的财务管理中，用来稳定企业的资本结构，可以避免过多的债务输入和过高的资本成本支出，缓解企业资金紧张的局面，控制债务筹资风险恶化。据统计学原理：如果一个保险单位内部存在的各个单元是不相关的，那么，这个保险单位将拥有极小的风险期望值。以这一原理为依据，企业在债务筹资保险体系中，其各个下属单位、部门的债务筹资风险可以得到均分和化小;而企业又可以建立一个保险基金,实行投资保值和增值;企业保险部门的设置要以筹资责任制的建立为前提。

债务筹资风险是一种可以承保的动态型风险,其技术操作具有相当的复杂性和多变性,这里仅是一个初步的设想。

第一,债务筹资风险补偿资金的来源。因为一定时期内单位的流动资金占用与其目标周转额存在相关的比值关系,所以,可根据各部门一定时期内流动资金所完成的周转任务(销售收入)的一定百分比缴纳债务融资的保险费,并在该部门的成本中列支。

第二,债务筹资风险责任临界点的制定。根据单位测定的最优资本结构和同期有关销售利润的历史资料,构造出适应一系列经营水平(销售收入)的业绩指标(利润)的弹性考核体系。其中,销售收入作为变数,目标利润为函数,销售利润率为参数。即:

目标利润 =(销售量 × 单位售价) × 预计销售利润率

目标利润的制定、审核、掌握原则应由被保部门、审计部门、保险部门联合进行。这种评估出来的目标利润,就是保险部门的承包责任临界点。

第三,保险理赔的执行。在企业销售收入实现的条件下,如果债务筹资决策失误和筹资环境恶化等原因形成过高的债务筹资成本影响到企业的净收益及目标利润的实现,可参照相应业务量水平,求得实际利润与目标利润的差值损失作为保险理赔的依据。

有关债务筹资保险机制的可行性需要进一步探讨,以上只是一个构想,在实践中还没有得到实施与检验,只是希望能给企业的管理者一个启发。

此外,为了控制企业的债务筹资风险,达到安全性的目的,企业也可采用建立偿债基金的方法,该方法可行性较强。但如果企业的借款数额不是很大,一般也没有必要建立偿债基金;而如果企业某笔债务数额较大,或拥有几笔同时在某一确定时间到期的债务,通常,企业在正常资金周转过程中的货币资金存量是不足以偿付的,这就使企业产生巨大的还款压力,因此,这种企业可以在一定时期内逐期积累一笔偿债基金,这样既保证了企业到期债务的清偿,又不至于影响到企业正常的生产经营活动。对于有外币借款的企业而言,可以在汇率有利的情况下购入外汇,建立偿债基金,并将国家批准的专项还贷出口外汇直接存入外币专项存款户,专门用于偿还外债。

第三节 企业股票筹资风险管理

从狭义的角度讲,股票筹资风险是指发行股票筹资时,由于发行数量、发行时机、筹资成本等原因给企业造成损失的可能性。广义地讲,股票筹资风险还包括筹资后资金营运风险和退市风险等。

一、首次发行股票筹资风险的防范

(一)股票发行的数量

股票发行数量或股票发行规模,具体地说就是股份有限公司通过发行股票所筹集资金的数量,也就是股份有限公司的股本总额。关于股票发行的数量,除了要符合国家有关股票发行数量最低限额的规定外,还要注意以下几点。

1.与企业实际的资金需要量相符

企业筹资规模取决于未来发展中对资金总的需要量,如果超过实际的需要量,就会造成资金的闲置,加大企业的资本成本;如果低于实际的需要量,则会使企业在发展中受到资金短缺的限制,遏制企业的发展。

2.企业的资本结构

企业在发行股票的时候还要考虑发行后对企业资本结构及对未来财务状况的影响,以达到资本结构的最优化。企业增加股票发行数量,扩大股本,将使股权资本比重上升,在经济萧条时期,提高股权资本比重,会降低企业的风险,减少企业的损失;但在经济稳定增长的时期,较低的负债率或较高的股权资本比重则会降低财务杠杆的作用,增加企业的资本成本,降低企业的投资收益。

3.企业控制权变化

如果股票发行数量确定不当,将会带来公司经营权集中与分散程度的变化。股票发行的数量很大程度上影响着公司控制权的变化,注重控制权集中的公司不能发行过多的股票或股权过于分散化,否则容易造成控制权的稀释。股票发行数量确定不当,还会改变股东的收益水平。股东财富最大化是股份制企业经营目标之一,由于普通股的股利是在税后支付的,发行较多的股票,会使企业税后利润的大部分用来支付股利,将会降低企业的每股收益水平,会被投资者视为消极的信息,抛售股票,进而影响到股票价格,导致股价下跌,影响到股份公司的继续筹资。

4.股票发行数量还影响到股票的定价

若不考虑资金需求量,单从发行数量上考虑,本次股票发行数量较大,为了能保证销售期内顺利地将股票全部出售,取得预定金额的资金,价格应适当定得低一些;若发行量小,考虑到供求关系,价格可定得高一些[1]。

5.股票发行市场的需求和经济景气循环以及投资周期是有密切关联的

从供求总量关系上看,在投资高涨时期市场对股票的需求旺盛,股票发行成功的概率较大;反之,则相反。市场供求的结构关系也对发行成功具有决定性的影响,股票市场的供给结构关系是产业结构的一种反映,产业结构的变化一般是由产业市场需求的变化引起的,这种变化必然影响到股票市场的需求结构。因为产业市场需求结构的变动必然影响产业收益率水平的变化,进而影响股票市场需求的变化。据此,发行人在进行股票发行决策时,必须对此有全面、足够、充分的认识,正确分析自己所处行业的地位以及行业发展变化特点。在正常情况下,所有处于上升时期产业的股票,其成长前景看好,股票发行成功的可能性也较大;反之,对那些处在衰落阶段行业的股票,发行是较困难的。在进行市场供求关系分析时,发行人除了从经济循环与行业发展状况等方面进行发行成功与否的条件分析外,还应结合自己本身的特点进行分析。做这种分析,关键要抓住自己的特点和优势及其这些优势对未来发展的影

---

[1]韦绪任.财务管理[M].北京:北京理工大学出版社,2018.

响,从最后的决定因素看,发行人的自身特质往往是发行成功的关键。当发行人的股票潜质好时,即使所处的行业不景气,即使处在经济景气循环的谷底阶段,发行成功也是有保证的。

(二)股票发行的方式

股票在上市发行前,上市公司与股票的代理发行证券商签订代理发行合同,确定股票发行的方式,明确各方面的责任。股票代理发行的方式按发行承担的风险不同,一般分为包销发行方式和代销发行方式两种。

我国法律规定,企业在公开发行股票时应当由证券经营机构承销,因此企业在决定采用包销还是代销方式上应当考虑以下影响因素:①企业自身的社会知名度和影响力。如果发行人的社会声誉好、知名度高,该次发行的股票质量高,并且对该次发行的成功把握很大,那么企业就可以选择代销的方式,反之最好采用包销的方式。②对发行成本的考虑。包销和代销这两种方式,由于承销机构所面临的风险不同,因此这两种发行方式承销机构的承销费用也不同。由于包销方式对承销机构的风险较大,因此该种发行方式所需要的费用也比较高;反之,代销方式的发行费用比较低。此外,在包销发行的方式下,股票发行时可能得到的溢价收入将被承销机构获得。所以综合来说,包销方式发行成本较高。③企业自身对资金需求的缓急。如果企业急需该笔资金的使用,那么建议采用包销的方式。

(三)股票发行价格

首次公开上市股票的定价是拟上市公司最困难、最冒险的程序之一,需要考虑诸多因素,而能获得的信息却很少。因此,错误的定价时有发生。除了运气之外,成功的关键因素在于有为首次公开上市股票定价的经验、对上市公司的了解以及对原始发行和上市后实际和潜在购买者的了解。

当股票发行公司计划发行股票时,就需要根据不同情况,确定一个发行价格以推销股票。一般而言,股票发行价格有以下几种:面值发行、时价发行、中间价发行和折价发行等。

1.面值发行

即按股票的票面金额为发行价格采用股东分摊的发行方式时一般按平价发行,不受股票市场行情的左右。由于市价往往高于面额,因此以面额为发行价格能够使认购者得到因价格差异而带来的收益,使股东乐于认购,又保证了股票公司顺利地实现筹措股金的目的。

2.时价发行

即不是以面额,而是以流通市场上的股票价格(即时价)为基础确定发行价格。这种价格一般都是时价高于票面额,二者的差价称溢价,溢价带来的收益归该股份公司所有。时价发行能使发行者以相对少的股份筹集到相对多的资本,从而减轻负担,同时还可以稳定流通市场的股票时价,促进资金的合理配置。按时价发行,对投资者来说也未必吃亏,因为股票市场上行情变幻莫测,如果该公司将溢价收益用于改善经营,提高了公司和股东的收益,将使股票价格上涨;投资者若能掌握时机,适时按时价卖出股票,收回的现款会远高于购买金额。时价发行时,以股票流通市场上当时的价格为基准,但也不必完全一致。在具体决定价格时,还要考虑股票销售难易程度、对原有股票价格是否冲击、认购期间价格变动的可能性等因素,因此,一般将发行价格定在低于时价约5%~10%的水平上是比较合理的。

3.中间价发行

即股票的发行价格取票面额和市场价格的中间值。这种价格通常在时价高于面额,公司需要增资但又需要照顾原有股东的情况下采用。中间价格发行对象一般为原股东,在时价和面额之间采取一个折中的价格发行,实际上是将差价收益一部分归原股东所有,一部分归公司所有用于扩大经营。因此,在进行股东分摊时要按比例配股,不改变原来的股东构成。

4.折价发行

即发行价格不到票面额,是打了折扣的。折价发行有两种情况:一种是优惠性的,通过折价使认购者分享权益。另一种情况是该股票行情不佳,发行有一定困难,发行者与推销者共同议定一个折扣率,以吸引那些预测行情要上浮的投资者认购。由于各国规定发行价格不得低于票面额,因此,这种折扣发行需经过许可方能实行。

我国《公司法》规定,企业不得折价发行股票,所以实际操作只有面值发行、时价发行和中间价发行三种,时价发行和中间价发行统称为溢价发行,即以超出股票票面金额的价格进行发行。发行价格的确定对股票能否顺利发行有着直接的影响,如果发行价格定的得当,既易于推销,又对投资者有较大的吸引力;如果发行价格定得过低,发行人会遭受筹资损失,不能获得溢价收入,影响以后的经营;如果发行价格定得过高,又可能导致股票推销困难,证券承销机构不愿意承销股票,难于筹集资金,带来筹资风险。所以,发行人应结合各种因素合理确定发行价格。那么其中的关键是确定公司股票面值。如何确定股票的面值呢?一般的经验是把股票面值确定得低一点,这样在发行新股时可以留出较大的发行空间,有利于新股的发行,而且还能促使投资者把注意力放在每股收益和股票价格上,而且小面值股票也是公司反收购的手段之一。

(四)证券承销机构

根据我国相关的法律规定,企业向社会公开发行的证券票面总值超过人民币5000万元的,应组织承销团承销。此外,企业在选择证券承销机构时还应该考虑以下因素:①证券承销机构的资本实力。一般而言,证券承销机构的资本实力越强,其承担风险的能力越强。②证券承销机构的销售网络。股票的发行与交易大多借助于计算机网络,因此,承销机构的计算机网络遍及范围及其网络的稳定性便成为一个影响承销机构实力的因素。承销机构的网络遍及范围广,系统稳定,服务周到,股票发行成功的概率便相对较高。③承销机构员工的整体素质。股票发行工作是一项需要发行企业与承销机构合作完成的工作,因此,承销机构员工的专业水平、工作经验、组织协调能力、处理应急事物的能力、研究分析能力、敬业精神等都会直接影响到股票承销工作的质量。所以企业应加以认真的了解、比较后做出选择。

二、资本运营风险与防范

这里的资本运营风险是指企业筹得股权资本后,由于使用不当发生损失的可能性。这主要表现在以下几个方面。

第一，部分上市公司筹集到资金以后，轻易地把资金投到自己毫不熟悉、与主业毫不相关的产业中；在项目环境发生变化后，又随意地变更投资方向。由于投资项目选择失误，经营效益低下，盈利水平下跌，投资资本价值下跌。"一年优、两年平、三年亏"就是对我国上市公司持续盈利较弱的写照。

第二，上市公司在发行新股或配股中，没有考虑所投项目对资金的实际需求，融资活动中往往最大限度地多筹资金。由于募集资金数量大，而公司项目实际所需资金少，剩余资金大部分存入银行，造成了社会资源的浪费。

第三，很多上市公司改变募集资金投向，进行证券投资；有的用配股资金还贷；或被大股东占用等。由于这些资金没有按照招股说明书的承诺投向相应项目，使得资金没有真正发挥其功能，造成资源的巨大浪费，同时也扭曲了证券市场的资源配置功能。

上市公司如何提高资本的使用效率，降低资本运营风险？最关键的问题是上市公司要从战略角度出发，以公司的持续增长为前提，综合考虑，确定投资与筹资策略。这里的战略是指企业根据自身的条件和资源制定符合自己实际发展方向的目标，选择投资项目，确定筹资时机、筹资方式、筹资数量、筹资成本等。如果战略目标制定得不对，企业的运作就会陷入危机。

提高上市公司募集资金使用效率、防范筹资风险的另一个重要因素是设置合理的资本结构和公司治理结构。我国国有企业资本结构和上市公司资本结构呈现相反的格局，前者负债资本较高，后者股权资本较高。根据资本结构理论，当投资项目预期收益率大于举债成本时,应该选择债务筹资;反之则应该选择股票筹资。

三、退市风险与防范

当上市公司的股本总额、股权结构、财务状况不再符合我国有关上市公司的规定时,将由证券监管部门决定其暂停上市和终止上市。2001年12月4日,中国证监会公布《亏损上市公司暂停上市和终止上市实施办法修订》。新的退市办法在暂停上市和终止上市的批准权限、批准程序股票交易等方面进行了重要修改,新办法于2002年1月1日起实施。

公司退市并不等同于破产、解散。公司终止上市后,如果没有破产,证监会将准许合格的证券公司在进行股份的转托管工作后,为终止上市的公司提供代办股份转让服务,以使股东权益得到法律保护。公司退市也不是损害中小投资者的权益。公司退市虽然在形式上使上市公司的中小投资者权益受到损失,但这种损失只不过是使这些中小投资者实际已损失的权益公开化、明晰化,其实际有利于维护绝大多数中小投资者的根本权益,使公司长期运作中忽视中小投资者权益或政府部门长期对上市公司"干预"或疏于规范化监督所引致的后果暴露出来,有利于中小投资者识别风险、谨慎投资、确保其权益。

绩效差的上市公司持续亏损与巨额亏损是股票市场存在的客观事实,当上市公司出现以下情况时,其股票就应该终止交易。

第一,股票失去内在价值。股票是一种虚拟资本,其价值是公司未来现金流量的折现价值。如果公司预计未来无现金流入,则股票价值为零,继续交易也就毫无价值。

第二,公司处于不同的行业周期。当旧行业被新兴的行业所渐渐代替时,按照市场经济规律来说,已经衰退的公司将被市场所淘汰。

第三,公司严重违反上市规则。如果公司违反上市规则,不按规定进行充分的信息披露,或者在信息披露中有虚假记载、误导性陈述等问题,就会造成透明度很低,引发上市公司因信息的不完全、不对称而产生的"逆向选择"或"道德风险"等机会主义行为。

造成企业退市的主要原因就是企业的违规操作与业绩下滑。那么企业首先要做到的就是遵纪守法,认真学习国家的法律法规,把握国家的经济动态及经济方向,掌握市场行情,当企业所处的行业向夕阳产业迈进的时候要设法转产,转向朝阳产业。常见的做法就是依靠公司自身的力量或者寻找合作伙伴进行主业置换,将原来的主营业务更换为具有市场潜力和发展前途或是风险较低、盈利较稳的新业务。

第四节 企业投资风险管理

一、投资项目风险管理概述

投资项目风险识别、风险评估是项目风险管理的重要内容,但是仅仅完成以上的工作是不能够保证项目目标以最小的成本安全实现,还必须在此基础上对风险进行规划,对风险实施有效的控制,并随时对风险进行监控。这一过程涵盖了项目风险管理的全过程,称之为广义的项目风险管理,在实际操作过程中将风险识别、风险评估归为风险分析阶段,而将风险规划、控制、监控归为风险管理阶段,这个阶段也叫狭义的项目风险管理。

二、投资项目风险规划

风险规划就是制定风险规避策略以及具体实施措施和手段的过程。风险规划首先要了解风险规划的内容和任务,并提出相应的风险规避策略,将风险规划的工作成果记入风险管理计划和风险规避计划两个文件。

(一)风险规划的内容与任务

在此阶段要考虑两个问题:第一,风险管理策略本身是否正确和可行;第二,实施管理策略的措施和手段是否符合项目总目标。在风险规划阶段,项目主管部门首先应该采取有效的措施,尽量减少已经识别的风险,保证项目的成功。由于资源是有限的,所以在进行风险规划时应该考虑风险管理的机会成本。

其次,项目管理部门还应该对风险进行监视,并注意和防范新风险的出现,对可能出现的新风险做出相应的规划。

项目管理人员还应该在项目进行过程中定期对项目风险评价基准和项目的风险水平进行比较,并逐渐提高项目风险的评价基准。此时项目管理部门应该考虑对风险如何监视、由谁监视、监视范围的大小、次数的多少,以及何时监视、如何提高风险评价基准等。

把风险影响的后果尽量限制在可接受的水平上,是风险管理规划和实施阶段的基本任务。只要整体风险没有超过整体评价基准,该项目就可以继续进行下去,个别风险是否可以接受要考虑两个方面:损失的大小和为规避风险而采取的措施。即使风险后果很严重,但由于风险规避的措施简单易行而且成本代价较小,此时该风险是可以接受的。

由于规避风险的措施往往会影响原定的计划,因此项目主管部门在风险管理规划阶段还要考虑何时应该采取措施规避风险,何时应该接受风险。

(二)风险规避的措施

对投资项目的风险进行规避有很多的措施,这里仅介绍几种常用的规避措施。

通常采用的风险规避的措施主要有:风险回避、风险控制、风险转移、风险自留和后备措施。

1.风险回避

风险回避:是指当投资项目风险潜在威胁发生的可能性很大、不利后果也比较严重,而且又无其他策略可采用时,主动放弃项目、改变项目目标与行动方案来规避风险。如果通过风险评价发现项目或项目目标的实施将会给项目带来重大的损失,项目管理者又不能通过其他有效的办法来有效地控制风险,这时就应考虑放弃项目的实施,以免造成更大的财产损失或人员伤亡。如基本建设项目中新技术的采用和新产品的开发等。风险回避不仅在消除风险的同时,失去了获得由风险带来的收益,而且失去了其他各种投资机会,同时也窒息了项目有关各方的积极性。因此,在采取回避策略之前,必须对风险有足够的认识①。

2.风险转移

风险转移又称合伙分担风险。其目的是通过若干技术手段和经济手段将风险部分或全部转移给其他人承担。实施这种策略转移风险的同时,也转移了部分可能由风险带来的利益。转移风险主要有四种方式:①出售。就是通过买卖契约将风险转移给其他单位。②发包。就是通过从项目执行组织外部获取货物、工程或服务而把风险转移出去。如在项目建设期,将工程以一定的价格完全发包给承包单位,这样可以降低风险。③保险与担保。保险是常用的一种方法。只要该项目公司向保险公司交纳一定数额的保险金,在事故发生时就能获得保险公司的补偿,从而将风险转移给保险公司。担保则是指其他企业、银行、保险公司或其他非银行金融机构,为项目风险负间接责任的一种承诺。通过这种承诺,项目所有者就把由于承包商行为方面不确定性带来的风险转嫁给担保者。④开脱责任合同。在合同中列入开脱责任的条款,要求项目管理部门在发生风险时不承担责任。

3.风险自留

风险自留是指对一些无法避免和转移的风险,采取现实的态度,在不影响投资者根本或局部利益的前提下,将风险自愿承担下来。自愿承担可以是主动的也可以是被动的。由于风险管理规划阶段已对风险有了准备,所以当风险发生时马上执行应急计划,这是主动接受。被动接受风险是指在风险事件造成的损失不大,不影响项目大局时,项目管理部门将损失

---

①宋可力.企业投资战略管理与决策[M].北京:企业管理出版社,2019.

列为一项费用。总之,它是一种积极的风险管理手段,是项目公司为承担风险损失而事先做好各种准备工作,修正自己的行为方式,努力将风险降低到最低程度。风险自留是最省事的风险规避方法,在许多情况下也是最经济的。当采用其他风险规避策略的费用超过成本时,可采用风险自留。

(三)风险管理计划

风险规避计划是在风险分析完成后为了使风险水平降到最低而制定的详细计划。对于不同的投资项目,内容不同,但至少应包括以下内容:①所有风险来源的识别,以及每一来源中的风险因素;②关键风险的识别,以及关于这些风险对于实现目标的影响的说明;③对于已识别出的关键风险因素的评估,包括从风险评估中摘录出来的发生概率以及潜在的破坏力;④已经考虑过的风险规避方案及其代价;⑤建议的风险规避策略,包括解决每一风险的实施计划;⑥各单独规避计划的总体综合,以及分析过风险耦合作用可能性之后制定出的其他风险规避计划;⑦项目风险形势估计、风险管理计划和风险规避计划三者综合之后的总策略;⑧实施规避策略所需资源的分配,包括关于费用、时间进度和技术考虑的说明;⑨风险管理的组织及其责任,在项目中安排风险管理组织,使之与整个项目协调的方式以及负责风险规避策略的人员;⑩开始实施风险管理的日期、时间安排和关键的里程碑;⑪成功的标准,即何时可以认为风险已被规避,以及待使用的规避方法;⑫跟踪、决策以及反馈的时间,包括不断修改、更新需优先考虑的风险一览表、计划和各月的结果;⑬应急计划。即指预先计划好的一旦发生风险事件就付诸行动步骤和应急措施;⑭对应急行动和应急措施提出的要求;⑮项目执行组织高层领导对风险规避计划的认同和签字。

三、投资项目风险控制

风险控制是依据风险管理计划以及实际发生的风险事件和随时进行的风险识别的结果,在风险事件发生时实施风险管理计划中预定的规避措施的过程。风险控制应该注意两个方面:一是风险控制的手段不应该仅仅局限于风险管理计划中的风险规避措施,还应该根据实际情况确定应变的措施,对于未曾预料到的风险事件以及已经识别但后果比预想要严重的风险事件,且原有的风险规避措施无法解决的,应该重新制定风险规避的措施;二是当项目的情况发生变化时,应该重新进行风险分析,并制定新的规避措施。

第五节 企业并购风险管理

并购风险管理就是并购方在考虑成本效益原则的基础上,有计划有步骤尽可能地把握住导致风险发生的因素、风险发生的频率和程度,以最有效的程序和方法综合"治理"好风险,使并购活动最终能顺利完成。

一、并购风险管理的程序

并购中的风险管理是一项系统的工作,虽然管理有其艺术性、灵活性,但也必须建立在一定的程序、步骤之上,才能有效发挥其管理的作用。因此,并购风险管理作为一项特殊的管理活动必须要有一定的程序。

（一）制定风险管理计划

要想使并购风险管理能有序、有效进行，就必须有计划性。一般而言，在制订整个并购计划的时候，风险管理计划就应该同时制定。风险管理的计划应该具有一定的前瞻性、跨越整个并购期间，包括并购前的决策、并购中的操作、并购后的整合这一全过程。它可以包括：①确定并购风险管理的目标；②成立专门的并购风险管理机构或部门，并明确其职责；③对其他相关部门的要求；④制订妥善的资金筹集、运用计划等。

（二）评价（分析）并购风险

该程序主要分为三个步骤，即风险识别、风险计量、确定承受能力。风险的识别，就是确定产生风险的环节、因素（主、客观）。这样弄清风险的来源和风险的形成过程，风险管理才会有范围，增加主动性，减少盲目性；识别出风险以后，就需要将风险量化，即风险的计量。就是考查风险发生的频率、衡量风险可能造成损失的程度；结合前面两个步骤的结果和自身的实力，明确企业准备承受的最大损失，即承受能力。执行这一程序的目的，是使我们能心中有数，能够"有的放矢"，为风险管理策略的制定奠定基础[①]。

（三）风险管理方案设计

在这一步骤中，主要是根据风险识别的结果针对环节、因素，根据风险计量的结果针对频率、程度，以及根据企业的风险承受能力正确制定对策，选择适当的风险管理手段和方法。

---

① 闫翠苹. 企业并购风险管理研究[M]. 太原：山西人民出版社，2016.

这类措施主要有以下几项。

1.风险控制的措施

其主旨就是力求减少风险发生的可能性。也就是在明确了某一风险发生的环节和条件以后,采取措施降低风险发生的频率,尽量把风险控制在潜在状态,不让其转化为现实风险。其具体方法主要有:风险回避、风险控制、风险转移(包括保险、非保险方式)、风险隔离、风险组合等,其中个别方法已在前几章有所述及。

2.风险补偿的措施

即指对已发生的损失提供资金补偿,其具体方法主要有:风险固定(包括保险、非保险方式)、风险自留(包括启用自有资金、动用借入资金、获取保险赔偿)等。

4.执行风险管理的决策

即根据制定的目标,针对"标的"如环节、因素,按照对策运用手段,对并购中可能发生的风险实施有效的管理,使得风险管理与并购进程协调一致,并推动并购顺利进行。

5.风险管理成效的评价与调整

将实施风险管理手段、策略和方法产生的效果与所确定的目标加以对比,以此来评判管理方案的科学性、合理性,机构人员工作的成效性。并购风险管理本身是个动态的过程,因此,随着并购工作的进行,需要适时对风险的规划、风险识别、估测、评价及管理方法及风险管理人员进行定期阶段性的检查、考核、调整,以保证风险管理工作适应并购的进程,使并购风险管理与并购活动协调进行。

二、并购风险管理的手段

(一)风险控制

风险控制手段就是通过采取一定的措施将风险发生的频率和风险可能造成的损失控制在企业可以承受的范围之内。当企业无法回避或不准备回避某些风险的时候就会采取一定的措施进行风险控制。这里的控制主要包括三个方面:一是减少损失发生的可能性,控制风险发生的频率;二是降低风险造成的损失程度,控制风险损失结果的规模;三是制定损失补偿措施。第一个侧重事前防范;第二个侧重事中控制;第三个方面则涉及事后的处理。企业在充分考虑以上三个方面的因素后,就要制定风险控制计划,从物的方面(诸如有形的物的因素等)和人的方面(诸如人的行为、心理等)等综合考虑应采取的风险控制手段。

(二)风险隔离

是指将某一种或几种蕴含潜在风险的活动在时间上和空间上与并购的其他活动隔离开来,即将单一的风险单位分为两个或两个以上独立的单位,以防止一旦风险发生造成损失,对并购的整体产生不良影响,或者至少要降低这种影响。例如,并购方在接收被并购的目标企业剥离的资产(冗员负担、企业办"社会"等等)时,某项剥离资产与其他剥离资产的相关程度并不是很大,而企业吸收剥离资产的能力又有限,接收了该部分资产很可能使并购后的整合工作难以顺利进行。也就是说,该项剥离资产是产生并购风险的主要因素。这时,并购企业可以考虑将该部分资产从并购后的企业中独立出去,单独成立一个法人实体,并对其采取专门的、特殊的风险管理措施。一旦管理失败,该部分剥离资产随同独立的法人实体消亡,而不会对其他并购成果造成影响,保证企业总体并购效果的顺利实现。

风险隔离可以比较有效地控制风险,减轻企业并购中的负担,它的中心思想就是"不要把鸡蛋放在一个篮子里"。但我们同时可以看出,风险的隔离增加了风险单位的数量,这就使得风险管理的费用会增加,导致风险隔离的成本过高。所以在采用该种方法的时候应特别注意保持成本效益原则。

(三)风险组合

风险组合是风险管理中最为常用的一种方法,是通过将一定量的风险组合在一起进行管理,以达到分散风险的目的。风险组合是与风险隔离相对应的一种风险管理手段。在风险隔离的方式下,将一系列风险因素中的一部分分离出来,增加风险单位数量,目的是对已知的该部分风险因素加以特殊的管理,避免一个风险因素造成的损失拖垮整个企业,使并购成果付诸东流。而在风险组合方式下,并购方不能分辨出或没有必要分辨出哪种风险因素可能会对并购全局造成影响,而将各种风险因素组合"捆绑"在一起,"一视同仁"合并对待,目的是借助"此消彼长"的作用分散风险,相对提高企业整体的风险防范能力。

选择并购风险管理手段还应该注意以下几个方面的问题:首先,企业并购活动是处于一定的客观环境当中的,所以正确分析并购与被并购双方企业所处的政治、经济和社会环境对并购风险管理方法的选择有着重要的意义。其次,就是对企业内部环境进行分析。考察目标企业的财务状况、生产经营状况、人员管理状况等等,同时也要审视并购企业自身的状况,看是否对自己的估计有偏差、是否能胜任并购。基于此选择的风险管理手段才能更有可行性、更具操作性。可以说,只有那些善于把握机会并善于控制风险的企业,才能在激烈的市场竞争中争取到自己应有的位置。

第六节　企业信用风险管理

一、企业信用风险的含义及类别

（一）企业信用风险的含义

信用风险也有狭义和广义之分。狭义的信用风险是存在于直接的借款活动中的风险,即借贷风险。它是在信贷活动中,由于债务人的主观或客观的原因,贷款人到期无法收回本金或利息而遭受损失的可能。广义的信用风险则是存在于企业商品或服务贸易中的违信风险。在市场经济中,无论是企业还是个人,其在经济交易中一旦与他人或企业签订了经济合同,就将面临合同对方当事人不履约的风险,如不支付钱款、不运送货物、不提供服务、不偿还借款等,这种因为对方当事人违约所带来损失的可能性统称为信用风险。企业信用管理主要针对的管理对象,就是广义的信用风险,其含义可表述为:通过商业信用方式进行的交易中,由于交易一方不履行给付承诺而使交易对方遭受经济损失的可能性。

（二）信用风险的主要类型

信用风险按照不同的标准可以划分为不同的类型。

1.按照风险发生是否主观故意所致,可分为道德风险和经营风险。

道德风险是指债务方在具有支付能力的条件下,恶意拖欠故意赖账而引发的风险。

经营风险主要是由于企业经营不善造成财务状况恶化,最终导致无力偿还而违约,给交易对方造成经济损失的可能,在市场化经营中,任何企业的经营活动都会存在一定程度的不确定性。信用交易是双方约定在未来特定时间偿付债务的交易形式,如果对方企业的经营活动波动频繁,其未来的偿付能力就缺乏保障。所以,经营风险虽然是由客观原因造成的,但并不是完全无法防范的,可以通过对企业财务状况和未来经营趋势的分析,了解和把握其经营风险的程度,并采取相应的措施对其进行规避和防范。

2.按照授信主体的不同,信用风险可分为国家风险、行业风险和个体风险。

国家风险是指在国际经济活动中,由于国家的主权行为所引起的债务人无法偿付而给债权方造成经济损失的可能性。国家作为交易的一方,通过其违约行为(如停付外债本金或利息)直接构成风险,通过政策和法规的变动(如调整汇率和税率等)间接构成风险。在企业间的交易中,国家不是交易的直接参与者,但国家的政策、法规却影响着该国国内的企业或个人的交易支付行为,这就潜藏了一定的信用风险[1]。

---

[1]高秀屏,赵迎东,汪宇瀚.企业信用管理[M].上海:上海财经大学出版社,2013.

行业风险是指由于行业景气状况波动而使在该行业中经营的债务人失去偿付能力所造成经济损失的可能。当大量受信人都处于同一个行业时，就有可能出现严重的信用风险。在世界经济或区域经济爆发严重的危机时，行业风险最为严重。

个体风险是指由于某一特定客户不履行或不能履行合同而给企业带来经济损失的可能。如果企业将大部分的业务集中于某一特定客户，则会提高企业的个体风险。因为在这种情况下，一旦该客户偿付出现问题，就会因企业过度向其授信而陷入危机，所以企业应避免对任何一个特定客户过度授信，以降低个体风险。

3. 按照风险给企业带来的损失类型划分，可分为显性损失风险和隐性损失风险。

显性损失是指信用风险给企业带来的损失是直接反映在利润表中，表现为利润的减少、业绩的下降。最常见的就是坏账损失。

隐性损失是指信用风险带来的损失并不直接反映在利润表中，而是由于利润的损失，使企业资金运用能力下降，从而损失了再投资的机会。隐性损失虽然没有表现为企业财富的减少但损失了企业的盈利机会和盈利能力，其对企业的打击应该引起高度重视。例如，逾期账款长期拖欠不还，企业在损失利息和利润的同时，还可能失去有利的投资机会。利息、利润损失属于显性损失，投资机会的损失属于隐性损失。企业降低显性损失风险和隐性损失风险的办法，就是控制好账期，尽量减少逾期账款的发生。

4.按照信用风险发生的业务领域的不同,可以划分为企业信用风险和银行信用风险。

企业信用风险是指企业在利用商业信用方式进行交易时,债务人不履行按时付款或付货的义务而使债权人遭受经济损失的可能。企业信用风险发生在企业间的商品或劳务交易活动中,这就是广义的信用风险。

银行信用风险是指银行在与客户的资金信贷业务中所发生的、不按期还本付息的可能即所谓的狭义的信用风险。

二、企业信用风险管理体系建立及业务流程

(一)企业信用风险管理体系建立

企业内部的信用风险管理要从信用管理体系的构筑做起。企业信用管理体系是企业进行信用管理活动中遵守的办事规章和行动准则的总和,是企业信用管理制度的总称。它包括信用管理的组织制度、业务制度、决策制度、考核制度,是信用部门行使职能的前提条件和基础设施,是日常信用管理的工作指南。有了完备的信用管理体系,企业信用部门才能够正常地开展相关业务,才能够对信用交易的风险进行有效管理。对于已有长期经营历史但还没有进行规范的信用管理的企业和新设立的企业,其信用管理的首要工作,就是进行信用管理的组织机构和机能建设。其具体工作步骤如下。

第一步:组建信用管理部及招聘和选拔、培训信用人员,制订本企业信用管理工作手册。

第二步:收集信息,建立客户信用档案和计算机信用管理系统数据库。

第三步:制定信用政策和信用管理业务规程。

第四步：组建企业信用管理联席会议（长期）。

第五步：锁定问题客户和问题账户，进行重点管控。

第六步：对于那些拖欠时间超过计划账期无法追收欠款的客户，企业应立刻终止赊销，关闭账户，并准备资料通过法律程序进行处理。

通过以上工作，企业完成了信用管理体系的构建，在组织上、人员上、制度上、机制上、技术能力、工作环境等方面都已具备独立的履行信用风险管理职能的工作基础。

（二）企业日常信用风险管理流程框架

1.信用部门风险控制流程

制度化的企业信用管理，是通过精心制定的操作规程对信用风险进行识别、筛选、控制，达到确保信用销售流程通畅，按时收回货款，降低风险损失，为企业创造更多利润的根本目的。因此，企业对信用风险的管理是一个全程的动态管理过程。

企业的信用销售活动是信用管理活动产生和存在的根本，换言之，整个信用管理过程中对信用风险的控制，是依附于信用销售活动而存在的。从业务操作的角度看，信用销售过程本身就具有极为明显的流程的特征，一般企业信用销售流程可以抽象为六个主要环节，即开发客户、争取订单、签订合同、按时发货、到期收款和收回欠款。这六个环节是企业与客户信用交易过程中最容易出现问题的关键点，也是企业信用风险控制的关键点，只有针对这些环节制定的方案，对信用风险的控制才更具有针对性和可操作性。因此，信用管理业务流程必须与信用销售的关键环节相对应。以此为着眼点，企业信用管理的主流程如图3-5所示。

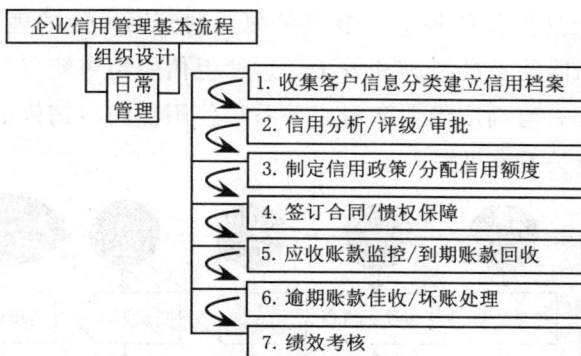

| 企业信用管理基本流程 |
| 组织设计 |
| 日常管理 |

1. 收集客户信息分类建立信用档案
2. 信用分析/评级/审批
3. 制定信用政策/分配信用额度
4. 签订合同/惯权保障
5. 应收账款监控/到期账款回收
6. 逾期账款佳收/坏账处理
7. 绩效考核

图3-5 企业信用管理工作流程

以上流程的起点是对客户过往信用信息的收集和分析评估,为信用销售做前期准备,终点是对信用工作的业绩考评。因为任何一个高效的管理体系均应包括科学的业绩考评体系,合理的考核标准及对应的奖惩措施的实施,都会使员工更多地从管理工作的视角转移到未来绩效的不断提高上,由此也使整个管理流程都贯彻了对信用风险进行控制的基本宗旨。

在实际工作中,信用管理主流程下的每一个环节都有细分的子流程。例如:客户信用信息分析流程,客户信用评级业务流程,信用审批流程,应收账款监控流程,货款回收业务流程,债权处理业务流程等。信用管理制度,体现为这些主流程及其子流程的集合。每个主流程与子流程都有相对应的操作目标、方法、要求,由此形成了每个环节的业务规程,它们在信用销售流程的各个关键环节上发挥者对信用风险的控制效力。

2.信用工作规程与销售工作规程的对应关系

信用销售是在传统意义的购销关系上建立了一种信用关

系。因此在业务处理上,也不同于传统的现金销售业务。它需要在交易过程的各个环节中贯彻控制信用风险的理念,应用信用风险防范的措施和方法。这使得信用销售流程与信用管理流程有着高度的业务对应关系。信用部门与销售部门的业务对应关系参见图3-6。

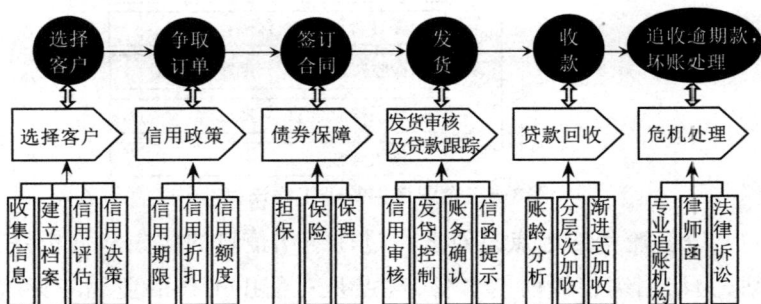

图3-6 销售部门与信用部门的业务对应关系

与以上流程相对应的规章包括:①谈判之前,开展对客户信用风险的预测,对客户信用能力和既往的付款情况进行调研,增强赊销方谈判的地位和讨价还价的能力。②在签约前,双方除了商品的数量、质量、价格等谈判外,主要围绕信用额度、信用期、现金折扣以及履约保障(担保、保险、保理等)条款达成共识。③签约过程中的文件制作。信用销售具有文义行为的特征。交易双方的权利和义务,完全依据文件所载的文义而定。所以,合同一定要严谨、清晰,条款具体、详尽,不能有漏洞。因为准确、清晰的信用交易合同,是保证货款回收的重要基础。④货物售出之后对应收账款进行跟踪监控,及时收集异常信息,把货款损失的隐患尽早消除。⑤在货款拖欠的早期,进行适度催收,注意维护良好的客户关系,可以逐步加压进行清欠。⑥货款拖欠时间超出企业预定的限度,或显示有逃避付款的企图时,应视为收款失败,即发生了呆账或坏账,必须采取特殊的方式清欠或交予专门的中介机构追讨或提起司法诉讼。

　　信用管理的规章,具有显著的行业、企业特征,在具体工作中,应结合企业经营的实际情况和积累的经验进行制订和完善。

第四章 企业内部控制概述

第一节 企业内部控制的产生与发展

在公元前3000多年以前,内部控制的思想已经在人们的日常经济生活中得到了运用。经过人类历史的漫长发展,现代内部控制作为一个完整概念,于20世纪40年代首次提出。此后,内部控制理论不断完善,逐渐被人们了解和接受。具体而言,内部控制理论和实务经历了大致五个发展阶段。

一、内部牵制阶段

早在公元前3600年以前的美索不达米亚文化时期,就已经出现了内部控制的初级形式。在当时极为简单的财物管理活动中,经手钱财的人用各种标志来记录财物的生产和使用情况,以防止其丢失和挪用。例如,经手钱财者要为付出款项提供付款清单,并由另一记录员将这些清单汇总报告。

到15世纪末,随着资本主义经济的初步发展,内部牵制也发展到了一个新的阶段。以在意大利出现的复式记账方法为标志,内部牵制渐趋成熟。它以账目间的相互核对为主要内容并实施一定程度的岗位分离。18世纪产业革命以后,企业规模逐渐扩大,公司制企业开始出现,特别是公司内部稽核制度因收效显著而为各大企业纷纷效仿。

20世纪初期,随着股份有限公司的规模迅速扩大以及企业所有权与经营权逐渐分离,企业为了提高运营效率、防范错弊,并且用以解决两权分离中的信息不对称的矛盾,美国的一些企业逐渐摸索出组织、调节、制约和检查企业生产经营活动的办法,特别是"内部牵制制度"。"内部牵制制度"基于两个主观假设:第一,两个或两个以上的人或部门无意识犯同样错误的可能性很小;第二,两个或两个以上的人或部门有意识地合伙舞弊的可能性大大低于一个人或一个部门舞弊的可能性。基于此,人们建立了"内部牵制制度",规定有关经济业务或事项的处理不能由一个人或一个部门总揽全过程。

二、内部控制制度阶段

20世纪40年代至20世纪70年代初,内部控制制度的概念在内部牵制思想的基础上产生,它的形成是传统的内部牵制思想与古典管理理论相结合的产物。在社会化大生产、企业规模扩大、新技术的应用以及公司股份制形式形成等因素的推动下,以账户核对和职务分工为主要内容的内部牵制,从20世纪40年代开始逐步演变为由组织结构、岗位职责、人员条件、业务处理程序、检查标准和内部审计等要素构成的较为严密的内部控制系统。

1949年,美国注册会计师协会(AICPA)所属的审计程序委员会发表了一份题为《内部控制:系统协调的要素及其对管理部门和独立公共会计师的重要性》(Internal Control:Elements of a Coordinated System and its Importance to Management and the Independent Public Accountant)的特别报告,首次正式提出了内部控制的定义:"内部控制包括一个企业内部为保护资产、审核会计数据的正确性和可靠性、提高经营效率、坚持既定管理方针而采用的组织计划以及各种协调方法和措施。这个定义有可能比这个术语所包括的意义要广一些。它承认内部控制制度超过了与财会部门直接相关的事项。"由此可见,内部控制制度的概念已经突破了与财务会计部门直接有关的控制局限,它还包括成本控制、预算控制、定期报告经营情况、进行统计分析并保证管理部门所制定政策方针的贯彻执行等内容。

1958年,该委员会发布的第29号审计程序公报《独立审计人员评价内部控制的范围》(CAP No. 29, Scope of the Independent Auditor's Review of Internal Control)将内部控制分为内部会计控制(InternalAccountingControl)和内部管理控制(Internal Administrative Control)两类。前者涉及与财产安全和会计记录的准确性、可靠性有直接联系的方法和程序,后者主要是与贯彻管理方针和提高经营效率有关的方法和程序。这一分类是现在我们所熟知的内部控制"制度二分法"的由来。

内部控制的"制度二分法",使得审计人员有可能在研究和评价企业内部控制制度的基础上来确定实质性测试的范围和方式。但是,由于管理控制的概念显得比较空泛和模糊,且在实际业务中,管理控制与会计控制的界限也难以明确划清,因此,1972年12月美国 AICPA 所属审计准则委员会(ASB)在其公布的《审计准则公告第1号》(Statement of Auditing Standards No.1)中,重新阐述了内部管理控制和内部会计控制的定义。

　　管理控制包括(但不限于)组织规划及与管理部门业务授权决策过程有关的程序和记录。这种授权是直接与达到组织月标的责任相联系的管理职能,是对经济业务建立会计控制的出发点。

　　会计控制包括组织规划和涉及保护资产与财务记录可靠性的程序和记录,并为以下各项内容提供合理保证:①根据管理部门的一般授权或特殊授权处理各种经济业务;②经济业务的记录对使财务报表符合一般公认会计原则或其他适用的标准和保持对资产的经管责任都是必不可少的;③只有经过管理部门的授权才能接近资产;④每隔一段时间,要将账面记录的资产和实有资产进行核对,并对有关差异采取适当的措施。

三、内部控制结构阶段

　　进入20世纪80年代,内部控制的理论研究又有了新的进展,人们对内部控制的研究重点逐步从一般含义向具体内容深化。其标志是美国 AICPA 于 1988 年 5 月发布的《审计准则公告第 55 号》(SAS55)。在此公告中,"内部控制结构"的概念取代了"内部控制制度"。该公告指出:"企业内部控制结构包括为提供取得企业特定目标的合理保证而建立的各种政策和程序。"该公告认为,内部控制结构由下列三个要素组成。

　　控制环境(Control Environment),是指对建立、加强或削弱特定政策与程序的效率有重大影响的各种因素,包括管理者的思想和经营作风,组织结构,董事会及其所属委员会,特别是审计委员会发挥的职能,确定职权和责任的方法,管理者监控和检查工作时所使用的控制方法,包括经营计划、预算、预测、利润计划、责任会计和内部审计,人事工作方针及其执行等,影响企业业务的各种外部关系,如由银行指定代理人的检查等①。

会计制度(Accouning System),是指为认定、分析、归类、记录、编报各项经济业务,明确资产与负债的经管责任而规定的各种方法,包括鉴定和登记一切合法的经济业务,对各项经济业务按时和适当地分类,作为编制财务报表的依据,将各项经济业务按照适当的货币价值计价,以便列入财务报表,确定经济业务发生的日期,以便按照会计期间进行记录,在财务报表中恰当地表述经济业务及对有关的内容进行揭示。

控制程序(Control Procedure),是指企业为保证目标的实现而建立的政策和程序,如经济业务和经济活动的适当授权;明确各个人员的职责分工,如指派不同的人员分别承担业务批准、业务记录和财产保管的职责,以防止有关人员对正常经济业务图谋不轨和隐匿各种错弊;账簿和凭证的设置、记录与使用,以保证经济业务活动得到正确的记载,如出厂凭证应事先编号,以便控制发货业务;资产及记录的限制接触,如接触电脑程序和档案资料要经过批准;已经登记的业务及其记录与复核,如常规的账面复核,存款、借款调节表的编制,账面的核对,电脑编程控制,以及管理者对明细报告的检查等。

四、内部控制框架阶段

(一)COSO内部控制整体框架

1985年,由美国注册会计师协会(AICPA)、美国会计协会(AAA)、财务经理人协会(FEI)、内部审计师协会(IIA)、美国管

①陈维青. 企业内部控制学[M]. 沈阳:东北财经大学出版社,2013.

理会计师协会(IMA)联合创建了反虚假财务报告委员会(通称Treadway委员会),旨在探讨财务报告中的舞弊产生的原因,并寻找解决之道。2年后,基于该委员会的建议,其赞助机构成立了COSO(Comitte of Sponsoring Organization)委员会,专门研究内部控制问题。

1992年9月,COSO委员会经过充分研究,对公司行政总裁、其他高级执行官、董事、立法部门和监管部门的内部控制进行高度概括,形成并发布了指导内部控制实践的纲领性文件《内部控制——整体框架》(Internal Control-Integrated Framework),简称COSO报告,并于1994年进行了增补。这份报告堪称内部控制发展史上的里程碑。由于COSO报告提出的内部控制理论和体系集内部控制理论和实践发展之大成,因此,在业内备受推崇,在美国甚至全球得到了广泛的推广和应用。

COSO委员会指出:"内部控制是由企业董事会、经理阶层以及其他员工实施的,旨在为财务报告的可靠性、经营活动的效率和效果、相关法律法规的遵循性等目标的实现提供合理保证的过程。"COSO报告提出了内部控制要素(Internal Control Components)的概念,即内部控制整体框架包含了五个相互联系的要素。

控制环境(Control Environment),包括员工的忠实和职业道德、人员胜任能力、管理哲学和经营作风、董事会及审计委员会、组织机构、权责划分、人力资源政策及执行。

风险评估(Risk Appraisal),包括经营环境的变化、新技术的应用及企业改组等。

控制活动(Control Activity),包括职务分离、实物控制、信息处理控制、业绩评价等。

信息与沟通（Information and Communication），包括确认记录有效的经济业务、采用恰当的货币价值计量、在财务报告中恰当揭示。

监控（Monitoring），包括日常的管理监督活动、内部审计及与外部团体进行信息交流的监控。

（二）COSO内部控制新框架

自COSO报告发布以来，二十多年过去，企业面临的商业和运营环境发生了巨大变化。例如：人们更加关注风险以及基于风险的管理方法；法律法规的要求和复杂程度不断提高；市场和经营全球化成为大势所趋；科学技术日新月异；组织结构更为复杂。与此同时，治理和内部控制失效事件频繁发生，给企业乃至资本市场带来了不小的破坏性影响。这些变化迫切要求企业加强和完善内部控制。在此背景下，COSO委员会本着持续改进的原则，于2013年5月14日发布了《内部控制——综合框架》（以下简称"COSO新框架"）。COSO新框架并不是对COSO报告的否定，而是一种更新和升级，以更好地适应环境变化，提升企业内部控制质量。

COSO新框架保留了COSO报告关于内部控制的核心定义和"三维"立体结构等内容，并对内部控制五要素和内部控制有效性等方面加以完善和提升。

细化提出用于支持5个要素的17项原则。COSO报告中仅有5个要素，对企业如何操作没有提供具体、明确的方法，而COSO新框架突出"原则导向"，在5个要素的基础上提炼出17项原则。这17项原则适用于所有的组织，包括营利组织、非营利组织、政府机构等。在 17 项原则基础上又进一步提炼出 82 个代表相关原则的主要特征和重点关注点的要素。17 项原则和 82 个要素为企业内部控制建设和评价提供了明确的标准。

明确"目标设定"在内部控制中的作用。COSO 报告指出，目标设定作为一个管理过程，是风险评估要素的前提条件。COSO 新框架保留这一概念性观点，但强调目标设定不是内部控制的组成部分。

扩大报告目标范畴。COSO 报告中的"报告目标"仅局限于财务报告，旨在确保对外提供可靠的财务报告。COSO 新框架从报告对象和报告内容两个方面拓展了报告目标。在报告对象方面，既包括外部报告，又包括内部报告。在报告内容方面，不仅有财务报告，还有诸如市场分析报告、资产使用状况分析等非财务报告。

强调"企业自身的判断"。新框架指出，首先，一个有效的内部控制制度不仅仅是要求严格遵守政策和流程，更多的是要求管理层和董事会有自己的判断，根据企业自身的状况来自行部署适合本企业发展的内部控制制度。其次，在企业内部控制制度建设的某些方面并没有强制性的要求，企业可以灵活处理。最后，新框架中提到，因企业规模、行业等的不同，企业可以有不同的内部控制建设模式，应根据自身的特点来选择相应的方式。

强化公司治理的概念。新框架更为深入地讨论董事会及其下属各专业委员会，包括审计委员会、薪酬委员会和治理委员会。其目的在于强调，董事会的监督对于内部控制有效性至关重要。

充实反舞弊和反欺诈的相关内容。新框架增加了许多反舞弊和反欺诈的内容,并将其作为17项原则之一加以重点讨论。

五、风险管理阶段

2003年,COSO委员会发布了《企业风险管理框架(草稿)》,2004年9月,COSO委员会正式公布了该报告的最终稿《企业风险管理——整合框架》(Enterprise Risk Management-Integrated Framework),简称ERM框架。ERM框架在COSO报告的基础上进行了补充和拓展。

第一,该框架指出,管理的重点应由单纯的控制转向全面风险管理。在外延上,后者涵盖前者;在内涵上,后者更加强调风险的识别与管理,从而提供一个更为有力的管理工具。

第二,ERM框架增加了一个目标和三个要素。一个目标为战略目标,三个要素分别为目标设定、事项识别和风险应对。ERM框架指出,风险管理应贯穿于战略目标的制定、分解和执行,从而为战略目标实现提供合理保证。目标设定、事项识别、风险评估和风险应对四个要素环环相扣,共同构成完整的风险评估全过程。

第三,ERM框架提出了风险组合观以及风险偏好和风险容忍度(亦称风险容量)两个概念。风险偏好是指企业在实现其目标的过程中愿意接受的风险程度。

风险容忍度是指在企业目标实现的过程中对差异的可接受程度,是企业在风险偏好的基础上设定的相关目标实现过程中所出现的差异的可容忍限度。ERM框架要求企业管理者以风险组合的观点看待风险,对相关的风险进行识别并采取措施,以便使企业所承担的风险在风险偏好的范围内。对企业内每个单位而言,其风险可能落在该单位的风险容忍度范围内,但从企业总体来看,总风险可能超过企业总体的风险偏好范围。因此,应从企业总体的风险组合的观点看待风险。

第二节 企业内部控制的概念

一、内部控制的含义

从内部控制的演进过程看,注册会计师首次提出了内部控制的定义,并且推动其不断发展。这是因为注册会计师在对财务报告进行审计时离不开对内部控制的评价。20世纪以来,企业面临的环境更加不确定,比如消费者需求的多样化、技术的不断更新、组织结构的更加复杂,企业规模的不断扩大,再加上经济全球化趋势的加强,这一切都迫使企业对各个层次的管理者进行更多的授权,以对环境的变化作出灵活、及时的反应。同时,企业迫切需要加强内部控制,以降低企业分权管理带来的潜在风险,提高企业的经营管理水平,最终有利于战略目标和组织目标的实现。由此,内部控制的内涵得以丰富,外延得以拓展。内部控制从仅仅局限于会计控制转向关注管理控制和治理控制,从"局部控制"扩展为"全部控制"。

内部控制是企业所有成员参与的,包括董事会、经理层和所有员工,为企业实现如下目标提供合理保证的过程:确保企业遵循法律法规、确保信息真实和可靠,提高经营活动的效率和效果、促使战略有效实施。

内部控制的概念包括以下四层含义。

第一,内部控制由企业内部全体人员参与。这里有两层含义:一是内部控制由企业的内部员工实施,不同于外部人员开展的控制;二是企业全体人员都要参与内部控制,上至董事长,下至基层岗位的人员,当然,不同层级的人员在内部控制中的地位和作用有所不同①。

第二,内部控制的实施范围覆盖企业所有内部事务。内部控制具有全方位、全过程、全员性的特点,涉及生产经营的各个方面以及组织中的所有层级。

第三,内部控制以相互牵制为核心,通过组织结构的制衡安排和控制政策的标准化得以实现内部控制作为一种管理制度,不同于职业道德规范和法律、法规,具有独特的理论体系和方法体系。

第四,内部控制是一个实施过程。这就意味着内部控制的完整体系包括设计、实施和评价,并且随着内外环境的变化,不断完善和发展。

二、内部控制的分类

从不同角度、按照不同标准可以将内部控制划分为若干不同类型。

(一)按内部控制主体分类

内部控制从组织内部的控制主体角度可分为董事会控制、管理者控制、员工控制,从而形成三个层级的内部控制:一是以董事会为主体的公司治理控制;二是以管理者为主体的管理控制;三是以员工为主体的任务控制或作业控制。

①方红星,池国华. 内部控制[M]. 沈阳:东北财经大学出版社,2017.

（二）按控制实施方式分类

内部控制从控制实施方式的角度可分为正式控制和非正式控制,委托型控制和直接型控制。根据制度设计和实施方式不同,划分为正式控制和非正式控制。正式控制是指通过正式的组织结构和制度程序加以实施控制。非正式控制是通过正式控制以外的,诸如信任、奖励、交谈、文化等途径实施控制。根据权力集中程度不同,划分为委托型控制和直接型控制。委托型控制是指委托人与受托人之间是一种信任与被信任关系的控制。在此控制类型中,委托人给受托人设定一个活动的框架,受托人在这个框架内可以充分发挥自己的能动作用,受托人的行为主要靠信托责任和合约来约束。

（三）按控制目标分类

内部控制从控制目标的角度可分为遵循相关法规的控制、保证报告可靠性的控制、实现经营效率和效果的控制和促进实现企业战略目标的控制。

第三节 企业内部控制的基本理论

一、巴塞尔体系

（一）主要内容

巴塞尔体制主要确立了以下原则。

1.跨国银行监管国际合作原则

在经济和金融全球化的今天,加强跨国银行监管国际合作,协调东道国与母国各自对跨国银行进行监管的责任是巴塞尔委员会的重要工作。1975年《对银行的国外机构监管原则》规定:任何银行的国外机构都不能逃避监管,母国与东道国对银行共同承担监管的责任,东道国有责任监督在其境内的外国银行;东道国监管外国分行的流动性和外国子行的清偿能力,母国监管外国分行的清偿力和外国子行的流动性;东道国与母国的监管当局之间要相互交流信息并在银行检查方面密切合作。监管合作要克服银行保密法的限制,允许外国银行总行直接对其国外机构进行现场检查,否则东道国监管当局可以代为检查①。

1983年。巴塞尔委员会在1975年协定的基础上进一步吸收了银行"并表监管法",并对母国与东道国职责进行了适当的划分。1996年巴塞尔委员会发布的《跨国银行行业监管》,为母国并表监管的实施提供了一套切实可行的方案。

2资本充足率原则

1988年《关于统一银行资本衡量和资本标准的国际协议》也即《巴塞尔协议》,其基本精神是要求银行监管者根据银行承受损失的能力确定资本构成,并依照其承担风险的程度规定最低资本充足率,建立风险加权制。该协议要求资本充足率,即银行总资本与总加权风险资产的比率应达到8%,其中核心资本比重不得低于4%。在2004年6月通过的《统一资本标准和资本框架的国际协议:修订框架》中确立了新资本协议的三大支柱:最低资本要求、监管部门的监督检查、市场纪律。

---

①郑洪涛.企业内部控制学[M].3版.沈阳:东北财经大学出版社,2015.

3.有效银行监管核心原则

巴塞尔委员会1997年发布的《有效银行监管核心原则》弥补了母国统一监管原则和并表监管法的缺陷,制定了有效监管体系的25条基本原则,即核心原则。这些原则强调跨国银行业务应实行全球统一监管;应对银行业进行全方位的风险监控;将建立银行监管的有效系统作为实现有效监管的重要前提。

(二)实践意义

我国是巴塞尔协议的签字国,但是考虑到我国金融市场的特殊情况和我国目前仍处于发展中国家的现状,我国政府宣布暂不执行巴塞尔协议,这是我国政府目前关于开放金融市场的正确选择。巴塞尔协议是西方发达国家基于自身立场考虑的结果。而且跨国银行的母行大多数设在巴塞尔成员国,因此,巴塞尔协议的一些原则更符合其成员国的利益。同时,巴塞尔协议成员国都具有非常成熟的跨国银行管理经验。但是,巴塞尔协议毕竟是目前跨国银行监管方面最有影响力、适用范围最广、最有成效的监管指标和原则,因此,越来越多的国家都在逐渐地与巴塞尔协议的规范原则接近并吸收为本国的监管制度。在对待巴塞尔协议的立场上,我国应该从自己的实际情况出发,对其内容予以取舍。

就我国目前的银行业来讲,无论是在管理体制方面,或是组织模式、资本状况、法律地位、经营等方面,与西方国家相比,均有所不同,但这并不足以成为我国不实施巴塞尔协议的理由。这不仅是因为作为国际金融体系——国际规范和准则的巴塞尔协议对我国经济的发展,尤其是银行业的发展所带来的影响是极为深远的,同时,实施巴塞尔协议也是深化我国金融体制改革,建立一个健全的金融法规体系。推动我国外资银行监管的国际化与国际合作,促进我国银行业参与国际竞争的需要。

二、委托代理理论

(一)委托代理理论概述

委托代理理论是制度经济学契约理论的主要内容之一,主要研究的委托代理关系是指一个或多个行为主体根据一种明示或隐含的契约,指定、雇用另一些行为主体为其服务,同时授予后者一定的决策权利,并根据后者提供的服务数量和质量对其支付相应的报酬。授权者就是委托人,被授权者就是代理人。

委托代理关系起源于"专业化"的存在。当存在"专业化"时就可能出现一种关系,在这种关系中,代理人由于相对优势而代表委托人行动。现代意义的委托代理的概念最早是由罗斯提出的:"如果当事人双方中的代理人一方代表委托人一方的利益行使某些决策权,则代理关系就随之产生。"委托代理理论从不同于传统微观经济学的角度来分析企业内部、企业之间的委托代理关系,它在解释一些组织现象时,优于一般的微观经济学。

(二)委托代理理论基本模型

近20多年来,委托代理理论的模型方法发展迅速。主要有三种:第一种是由威尔逊(Wilson),斯宾塞、泽克豪森(Spence and Zeckhauser)和罗斯(Ross)最初使用的"状态空间模型化方法"（statespace fornulation）。

其主要的优点是每种技术关系都很自然地表现出来。但是,此方法让我们无法得到经济上有信息的解（informative solution）。第二种是由莫里斯（Mirlees）最初使用,霍姆斯特姆（Holmstrom）进一步发展的"分布函数的参数化方法"（parameterized distribution formulation）,这种方法可以说已成为标准化方法。第三种模型化方法是"一般分布方法"（general distribution formulation）,这种方法最抽象,它虽然对代理人的行动及发生的成本没有很清晰的解释,但是,它让我们得到非常简练的一般化模型。

莫里斯—霍姆斯特姆条件（Mirrlees—Holmstrom condition）是由莫里斯提出,由霍姆斯特姆进一步解释的。非对称信息的情况与对称信息时的最优合同不同。代理人的收入随似然率（likelihood ratio）的变化而变化。似然率度量了代理人选择偷懒时特定可观测变量发生的概率与给定代理人选择勤奋工作时此观测变量发生的概率的比率,它告诉我们,对于某一确定观测变量,有多大程度是由于偷懒导致。较高的似然率意味着产出有较大的可能性来自偷懒的行为;相反,较低的似然率告诉我们产出更有可能来自努力的行为。分配原则对似然率是单调的,因此,使用此原则的前提是似然率对产出是单调的,这就是统计中著名的概念单调似然率（monotone likelihood ratio property, MLRP）,它是由米尔格罗姆引入经济学的。莫里斯（1974）和霍姆斯特姆（1979）引入了"一阶条件方法"（the first-order approach）来证明了代理人行为是一个一维连续变量时,信息非对称时的最优合同,其结论与非连续变量情况相似。由于一阶条件方法存在不能保证最优解的唯一性的问题，格鲁斯曼和哈特（Grossman and Hart，1983）和罗杰森（1985）导出了保证一阶条件有效的条件：分布函数满足MLRP和凸性条件（convexity of distribution function condition，CDFC）。

第四节 企业内部控制的功能与局限性

一、企业内部控制的功能

（一）有效抵御风险，实现持续健康发展

在市场经济环境下，企业在生产经营过程中会遇到各种各样的风险。如果不能积极、有效地防范风险，轻则影响企业的发展，重则导致企业倒闭。而且，在风险面前，不论企业规模大小，概莫能免。

首先，内部控制具有一个强有力的运行机制，为企业抵御风险，实现健康持续发展提供合理保证。内部控制由预防机制、纠错机制和激励机制三个运行机制共同组成。内部控制立足于预防机制，通过优化控制环境，奠定企业良好的风险管理基础，运用不相容职务相互分离、授权审批等方法建立相互制衡的控制体系，防止企业在生产经营中出现重大失误以及员工利用职务之便舞弊。由于内部控制固有的局限性以及其他人为、客观的原因，在实际执行中可能发生预防机制失效，此时内部控制将启动第二道防线——纠错机制。顾名思义，纠错机制能够对已经发生的失控事件及时地进行制止，并采

用相应的补救措施以防类似事件再次发生。纠错机制主要通过监控要素实现。内部控制作为一种制度安排,其核心在于引导组织内不同目标的个体向企业的既定目标努力。为此,内部控制在预防机制和纠错机制之外,还必须对个体的行为结果进行奖励与惩罚,即建立激励机制。

其次,内部控制作为一种制度安排,可以将各种资源有机地整合在一起,为企业创造价值。企业所拥有的各种经济要素,如资金、设备、人员等,只有依靠一套完善的制度才能融合在一起并形成真正的生产能力。从这种意义上讲,内部控制制度就像一种黏合剂一样可以把这些生产要素有机、有序地组合在一起。假如没有内部控制制度,那么所有的生产要素都如同一盘散沙,只能是一种潜在的生产能力,无法在企业内部合理地安排和使用,当然,这样的企业也很难生存下去。

(二)保证资产安全、完整

实现企业的资产安全和完整,可以有很多种能够选择的管理措施。总体上,有三条思路都可以实现这个目标。第一条思路是按照人治的思想来解决这个问题,即把资产交给最为可靠的人去保管。同时,不让有劣迹表现的人接触企业的财产和物资。在这种方式下只要保管员选择得当,企业的资产安全和完整基本上是有保证的。这里之所以说"基本上"是安全的,是因为这种方式下尽管保管员是可靠的、值得信赖的,不存在保管员监守自盗的问题,但是它却无法完全保证和避免其他人进入到保管室或仓库进行盗窃。尤其在保管室或仓库不是十分牢固的情况下,这种事件发生的概率将很高。第二条思路是按照技术思路来解决这个问题,即把保管室或仓库的门设计得很好,很坚实,或者把保管室或仓库的锁设计得很严密,用诸如密码锁、指纹锁等先进技术以防止无关人员进入保管室或仓库。在这种方式下,资产的安全性和完整性也会增加,但是同样也只能是"基本上"保证资产的安全和完整,因为这种偏好技术或者依靠技术手段解决资产失盗的做法,可以有效地防止保管员之外的人接触和盗窃企业的资产,但是无法避免保管员监守自盗。特别是当企业的保管员行为不端时,再坚实的门窗,再高级的门锁也是形同虚设。第三条思路是按照制度管理的思路来解决资产安全和完整的问题。按照这种管理方法,企业为了资产的安全和完整需要制定一系列管理制度,比如,制定资产交接制度、资产入库制度、资产出库制度、限制接近资产制度、资产的盘点清查制度、丢失资产的罚款制度、保管员的选聘制度、保管员的激励制度等,通过这些制度的有效实施来确保资产不被侵害和挪用。在上述三条解决问题的思路中,这种思路无疑是最全面、最可靠的,可以说是保证企业资产安全和完整的最重要的一道防线。因为:第一,它可以通过选聘制度、盘点制度和罚款制度解决保管员的监守自盗问题;第二,它可以通过限制接近制度、出入库制度等,避免保管员之外的人员盗取资产。同时,保管员为了履行职责,避免资产在自己手上丢失而被处罚,也必然会积极主动地购置必要的保管设备和工具,从而使技术措施相应地得到落实。所以,技术设施和人治管理都只是补充,只有建立健全有效的内部控制制度才是解决资产安全问题的根本之道[1]。

---

[1]求嫣红. 企业内部控制[M]. 杭州:浙江大学出版社,2013.

（三）提高会计信息质量

在市场经济环境中,会计信息具有十分重要的经济意义,这一点已逐渐被人们所认识。

从企业外部来看,投资者根据会计信息进行投资决策,决定是继续持有、增加还是出售投资,债权人根据会计信息进行信贷决策,国家以会计信息为依据,进行宏观经济调控、税费征收和监管等。

从企业内部来看,企业管理当局在进行管理决策时,必然需要一定的信息。这些信息有一些是管理者自身积累和观察到的信息,这部分信息在很大程度上具有管理经验的性质。而另外一部分信息,尤其是过去的信息和管理者不能亲自观察到的信息,则必须依靠会计系统来提供。事实上,随着企业规模的扩大,集团公司乃至跨国公司的成立,管理当局在进行管理决策时,越来越依靠会计信息系统的支持。

从这个意义上讲,会计信息是引导资本流动的指示器。离开会计信息系统这个条件,我们无法正确判断企业的经营状况和经营成果,资本也就无法顺畅地流动。

会计信息要发挥在企业管理、资本市场和社会经济中的作用,就必须具有一定的质量特征。所以,对会计信息提出质量要求,不仅是企业利益相关者的经济利益之所系,也是维持经济社会中的正常信任关系和保证社会经济系统顺利运行的重要基础之一。

二、企业内部控制的局限性

（一）成本限制

由于内部控制受到成本—效益原则的制约,管理层在设计和实施某项内部控制时要权衡内部控制的利弊得失,如果增加控制环节过于降低工作效率,就可能会放弃实施这项内部控制。由于企业资源有限,对于很少发生或不经常发生的经济业务也不会制定控制制度,当这些经济业务发生时,控制制度这些经济业务无法控制。

(二)人为错误

智者千虑,必有一失,内部控制的设计会受到设计人员经验和知识水平的限制而存在缺陷。同时,执行人员因粗心、精力不集中、身体欠佳、判断失误或误解上级发出的指令时,内部控制制度也会失效。

(三)串通舞弊

内部控制制度达到控制目的的前提是公司员工按照制度的规定办事,但当员工合伙舞弊和内外串通共谋时,会导致内部控制的失灵。例如,出纳和会计合伙动用公司资金,保管员和财产记录人员合伙作假,业务人员同顾客、供应商串谋。在这样的情况下,无论多么完善的控制制度都将显得苍白无力。

(四)滥用职权

各种控制程序是管理工具,但任何控制程序也不能发现和防止那些负责执行监督控制的管理人员滥用职权或不正当使用权利。管理当局的干预一直是导致许多重大舞弊发生和财务报告失真的一个重要原因。在某些情况下,对于担任控制职能的人员越权管理、滥用职权,即使具有良好设计的内部控制,也不能发挥其应有的作用。内部控制作为企业管理的组成部分,它理所当然地要按照管理人员的意图运行,尤其是企业负责人的决策更是起决定性的作用。决策出了问题,贯彻决策人意图的内部控制也就失去了应有的控制作用。

（五）制度失效

内部控制制度是针对制度制定时的经济业务，内部控制可能会因经营环境、业务性质的改变而削弱或失效，可能会对不正常的或未预料到的业务类型失去控制能力。现在企业处在经常变化的环境之中，为保持竞争能力，势必要经常调整经营策略，这就将导致原有的控制制度对新增的业务内容失去控制作用。

（六）非经常性事项

内部控制一般针对常规业务活动而设计。因此，一旦发生异常或未预计的经济业务，内部控制往往就有失控或原有控制不适用的可能，从而降低内部控制的作用。

第五章 企业内部控制要素

第一节 企业内部控制的环境要素

一、管理哲学和经营风格

(一)管理哲学和经营风格的内容

管理层的管理哲学和经营风格会影响企业的管理方式,主要包括:①对待和承担经营风险的方式;②依靠文件化的政策、业绩指标以及报告体系等与关键经理人员沟通;③对财务报告的态度和所采取的措施;④对信息处理以及会计功能、人员所持的态度;⑤对现有可选择的会计准则和会计数值估计所持的谨慎或冒进态度。

管理哲学和经营风格表现为管理者的各种偏好,影响着企业的行为,影响着企业内部控制环境,进而影响着企业内部控制的效率和效果。企业制定的任何制度都不可能超越设立这些制度的主体,企业内部控制的有效性同样也无法超越创造、管理与监督制度的主体的管理哲学和经营风格。

(二)如何建立企业的管理哲学和经营风格

管理层的管理哲学和经营风格,直接反映在他们对企业的管理方式和方法上。我们可以从以下几个方面来树立企业的管理哲学和经营风格。

1.风险的接受程度

企业在介入新业务前,需要仔细评估自身能够承受多大的风险,以及企业是否经常介入具有高风险的业务或对风险的态度。对这些问题的回答,明确了企业对经营风险的接受程度。企业在应对风险时采取的措施包括以下几点。

第一,实行资金集中管理。企业制定《资金管理办法》以规范资金的支出程序,提高资金使用效益,建立资金管理的约束和监督机制,明确各项资金的使用办法和授权程序。

第二,实行债务集中管理所有的长短期借款、内外资借款,都由企业集中管理,统一办理借款、还款手续。

第三,对重大合同或需要以企业名义签订的合同实行统一授权、分级管理。

第四,重大决策由总裁办公会听取相关部门或专家意见后,集体合议形成,报董事会审批。

2.管理层对财务的态度

管理层对企业财务职能的态度,以及对选择会计准则的方式能够反映出管理人员的管理哲学和经营风格。

(1)财务管理

企业财务部具有财务管理和监督的职能,涉及诸多方面,如预算管理、资金管理、资产管理、债务管理、价格管理等。

(2)会计政策选择

企业财务部应根据《中华人民共和国会计法》《企业会计准则》等相关规定和要求,选择适合本企业的财务会计制度,并根据政策和准则的变化及时修订。企业政策一经选定,应保持前后各期一致,不得随意改变。

(3)资产安全管理

企业应制定固定资产、资金、存货等各项资产的管理制度,同时注重对财务信息及知识产权的保护。

3.人员的交流与更替

高级管理人员和各部门管理人员应经常交流与沟通,确保信息畅通,企业可通过定期召开会议、走访调研各部门来实现。企业应确保管理层、监督职能人员的稳定,严禁频繁更替的情形发生,同时制定与企业情况相适应的离职程序,避免员工突然辞职对企业造成的损害。

三、组织架构

(一)组织结构的概念及作用

组织结构是在组织理论的指导下,经过组织设计,由组织要素相互连接而成的相对稳定的结构模式,是企业生存发展的基础和有力支撑。企业组织结构的建设是企业治理结构、企业管理组织结构、企业生产运作组织结构及企业间组织结构动态平衡的发展过程,并且各子系统之间相辅相成、相互适应。

对传统企业组织结构的弊端和新的企业环境的矛盾,唯有进行创新才是企业的根本出路。有利于企业发展的组织结构,没有固定的模式,但一般都具有偏平化、网络化、柔性化、虚拟化、多元化等特征。相关的组织结构包括确定权利与责任的关键界区,具体应考虑的几个方面如下:组织结构的适当性,及其提供管理企业所需信息的沟通能力;各主管人员或负责人的适当性;按照主管人员所负担的责任,判断其是否具备足够的知识和丰富的经验;当环境改变时,企业能够改变其组织结构的程度;员工人数的充足程度。

任何企业要达成其整体目标,必须以一定的组织结构为基础。企业的组织结构提供了计划、执行、控制和监督活动的框架,确定了关键界区的权利和责任,确立了适当的沟通与协调渠道以及保证了各级负责人具有与其所履行的职责相适应的知识、经验和能力。

(二)组织结构的构成内容

1.建立公司法人治理结构

公司治理结构是在经营权和所有权分离的基础上,有效处理企业各利益相关者之间关系的制度安排。建立有效的公司治理结构的宗旨是:在股东大会、董事会、经理层之间合理配置权限、公平分配利益,以及明确各自职责,建立有效的激励、监督和制衡机制,从而实现公司的多元化目标。而内部控制是企业董事会及经理阶层为确保企业财产安全完整、提高会计信息质量、实现经营管理目标、完成受托责任而建立和实施的一个程序。

公司治理结构是促使内部控制有效运行,保证内部控制功能发挥的前提和基础,是实行内部控制的制度环境;而内部控制在公司治理结构中担当的是内部管理监控系统的角色,是有利于企业受托者实现企业经营管理目标,完成受托责任的一种手段。所以,企业要加强公司治理结构的控制,这样有利于充分发挥各部门和每个人的作用,调动单位的活力,实现内部控制所具有的全方位控制功能①。

---

①徐凤菊,赵新娥,夏喆.企业内部控制与风险管理[M]沈阳:东北财经大学出版社,2016.

2.行使董事会在内部控制和风险管理中的职责

董事会是风险管理工作的最高执行机构,向股东大会负责,主要履行以下职责:①审议并向股东(大)会提交企业全面风险管理年度工作报告;②确定企业风险管理总体目标、风险偏好、风险承受度,批准风险管理策略和重大风险管理解决方案;③了解和掌握企业面临的各项重大风险及风险管理现状,作出有效控制风险的决策;④批准重大决策、重大风险、重大事件和重要业务流程的判断标准或判断机制;⑤批准重大决策的风险评估报告;⑥批准内部审计部门提交的风险管理监督评价审计报告;⑦批准风险管理组织机构设置及其职责方案;⑧批准风险管理措施,纠正和处理任何组织或个人超越风险管理制度作出的风险型决策的行为;⑨督导企业风险管理文化的培育;⑩管理全面风险管理的其他重大事项。

3.建立风险管理委员会

具备条件的企业,可在董事会下设立风险管理委员会。该委员会成员中须有熟悉企业重要管理及业务流程的董事,以及具备风险管理监管知识或经验、具有一定法律知识的董事。主要履行的职责包括:①提交全面风险管理年度报告;②审议风险管理策略和重大风险管理解决方案;③审议重大决策、重大风险、重大事件和重要业务流程的判断标准或判断机制,以及重大决策的风险评估报告;④审议内部审计部门提交的风险管理监督评价审计综合报告;⑤审议风险管理组织机构设置及职责方案;⑥办理董事会授权的有关全面风险管理的其他事项。

4.行使总经理在内部控制和风险管理中的作用

企业总经理对全面风险管理工作的有效性向董事会负责。

总经理或总经理委托的高级管理人员,负责主持全面风险管理的日常工作,负责组织拟订企业风险管理组织机构设置及职责方案。企业应设立专职部门或确定相关职能部门履行全面风险管理的职责。该部门对总经理或其委托的高级管理人员负责,主要履行以下职责:①研究提出全面风险管理工作报告,研究提出跨职能部门的重大决策、重大风险、重大事件和重要业务流程的判断标准或判断机制;②研究提出跨职能部门的重大决策风险评估报告;③研究提出风险管理策略和跨职能部门的重大风险管理解决方案,并负责该方案的组织实施和对该风险的日常监控;④负责对全面风险管理有效性进行评估,研究提出全面风险管理的改进方案;⑤负责组织建立风险管理信息系统;⑥负责组织协调全面风险管理日常工作;⑦负责指导、监督有关职能部门、各业务单位以及全资、控股子公司开展全面风险管理工作;⑧办理风险管理其他有关工作。

5.审计委员会在内部控制和风险管理中的职责

企业应在董事会下设立审计委员会,企业内部审计部门对审计委员会负责。内部审计部门在风险管理方面,主要负责研究提出全面风险管理监督评价体系,制定监督评价相关制度,开展监督与评价,出具监督评价审计报告。

6.其他相关职能部门在内部控制和风险管理中的职责

企业其他职能部门及各业务单位在全面风险管理工作中,应接受风险管理职能部门和内部审计部门的组织、协调、指导和监督,这些部门主要履行以下职责:①执行风险管理基本流程;②研究并提出本职能部门或业务单位重大决策、重大风险、重大事件和重要业务流程的判断标准或判断机制;③研究并提出本职能部门或业务单位的重大决策风险评估报告;④做好本职能部门或业务单位建立风险管理信息系统的工作;⑤做好培育风险管理文化的有关工作;⑥建立、健全本职能部门或业务单位的风险管理内部控制子系统;⑦办理风险管理的其他有关工作。

第二节 企业内部控制的风险识别与评估要素

一、风险识别

(一)风险识别的概念

风险是指对企业目标的实现可能造成负面影响的事项发生的可能性。风险识别是指对企业所面临的潜在风险进行判断、归类和鉴定的过程。风险识别可以发现企业的风险所在,同时还要辨认各种潜在风险的来源,分析风险性质。具体而言,风险识别应解决如下问题:企业存在哪些风险、哪些风险应予以考虑、引起风险的原因是什么、风险引起的后果及严重程度等。

风险识别不仅在企业层面开展,还要在活动层面加以确认。只有对公司主要业务单元和职能部门(如销售、生产、营销、技术开发等)存在的各种不确定性事件进行预测、分析和确认后,企业经营战略与职能战略的实施才有更加可靠的保证。风险识别的结果应反馈回企业战略目标的制订过程中。

（二）风险识别的方法

风险识别一般采用定性分析方法，分两个阶段进行：第一阶段辨别风险，即寻找各种风险及其所在领域；第二阶段分析风险，即分析引起风险事故的各种原因和可能的后果。风险识别主要有以下七种方法。

1.现场调查法

现场调查法是对风险进行实地的全面普查，一般分为三步：调查前的准备、现场调查以及形成调查报告与反馈。调查前的准备工作包括设计调查表格和确定调查内容事件（如调查对象、时间、地点）。现场调查过程需要认真记录并填写调查表。

2.风险清单分析法

风险清单分析法又称列表检查法，即事前设计好调查表，将已经识别的企业主要风险填列其中，进行对照检查。调查表可以是制式表格，也可以是专用表格。制式表格多由风险管理方面或保险咨询的机构和专家提供，包含人们已经识别出的最基本的各类风险。专用表格仅适合某一特定企业，多为企业自己的风险管理人员根据企业自身资产状况和经营特点制作的风险一览表，由于更加注重本企业具有的特殊风险，所以针对性更强。

3.财务状况分析法

财务状况分析法又称财务报表分析法，是指通过对资产负债表、利润表和其他附表等财务信息的分析来识别风险。该方法的具体应用包括趋势分析法、比率分析法、因素分析法和模型分析法。例如，通过分析资产负债表中应收账款的账龄，企业可以判断是否有形成坏账的风险,对于实物资产要注意人为事故造成的损失或者技术贬值的风险。

4.组织结构图分析法

组织结构图分析法是通过勾画整个经济单位的组织结构图来发现风险可能产生的区域,以识别风险的方法。其工作程序为先画出组织整体结构图,然后细化组织结构和管理结构以识别风险可能产生的区域,重点应关注职能重复的部门,过分依赖性和过度集中性的部门。组织结构图分析法主要用于寻找风险产生的区域或环节,因此将其用于风险识别时往往有专门的目的。

5.流程图法

流程图法是识别企业潜在风险的系统方法,它将企业组织按照生产经营过程的内在逻辑绘制成作业流程图,然后针对其中的关键步骤或薄弱环节进行调查和分析,即通过描述产品、服务、会计、营销等过程来识别流程中的风险。流程图法的步骤分为三步:分析、识别产品从设计至销售所历经的各个阶段;据此绘制流程图,解释流程中的所有风险;进一步解释风险发生的原因以及可能造成的影响。在复杂的流程图中,可以通过简表的方式来进行解释,直观反映可能发生的风险、原因及结果[1]。

6.事故树法

事故树法又称故障树法,是风险识别常用的一种方法。事故树法从某一风险结果出发,运用逻辑推理的方法推导出引发风险的原因,遵循风险事件—中间事件—基本事件的逻辑

---

①武礼英.集团企业财务管理与风险控制[M].沈阳:辽海出版社,2019.

结构。

7.可行性研究

可行性研究是在项目计划阶段即对风险进行定性识别的方法。它的工作步骤为:检查各部分原始意图,发现有无偏离原始意图的情况,寻找偏离原因,预测偏离后果。可行性研究的优点是可在项目实施前就发现风险并加以处理。其缺点是比较费时,且需要详细的设计系统图的支持。

二、风险评估

(一)风险评估的概念

内部因素和外部因素都会影响企业目标的实现程度,尽管有些因素对于一个行业中的企业而言是共同的,但是更多的因素对于特定的主体而言却是独特的。管理层在进行风险评估时应着重关注这些特有的因素,结合本企业的规模、经营的复杂性等,评估风险的可能性及其影响。

管理者在评估风险时,应当从固有风险和剩余风险两个方面进行评估。固有风险是指在管理者不采取任何风险管理措施的情况下,企业所面临的风险。剩余风险是指管理者采取相应措施应对风险后仍然存留的风险。评估风险时首先评估的是固有风险,当风险管理策略确定后,再考虑剩余风险。

(二)风险评估的程序

风险评估的基本步骤如图5-1所示。

```
                    ┌──────────────────┐
                    │  风险评估准备      │
                    └────────┬─────────┘
                             ↓
              ┌───────────────────────────────────┐
              │ 确定评估范围与评估对象详细情况      │
              └────────────────┬──────────────────┘
                               ↓
                    ┌──────────────────┐
                    │  制订评估申请报告  │
                    └────────┬─────────┘
                             ↓
                    ┌──────────────────┐
                    │  提交评估申请报告  │
                    └────────┬─────────┘
```

工具评估	管理调研	人工评估
安装评估工具,配置扫描策略、实施评估	管理访谈与抽样	校订人工评估检查表,进行人工评估
工具评估报告	安全调研报告	人工评估报告

```
              ┌───────────────────────────────────┐
              │         风险评估综合报告            │
              └───────────────────────────────────┘

   ┌──────────────────┐              ┌──────────────────────────┐
   │ 以前安全状况文档  │─────────────→│ 安全工作持续改进建议书     │
   └──────────────────┘              └──────────────────────────┘
```

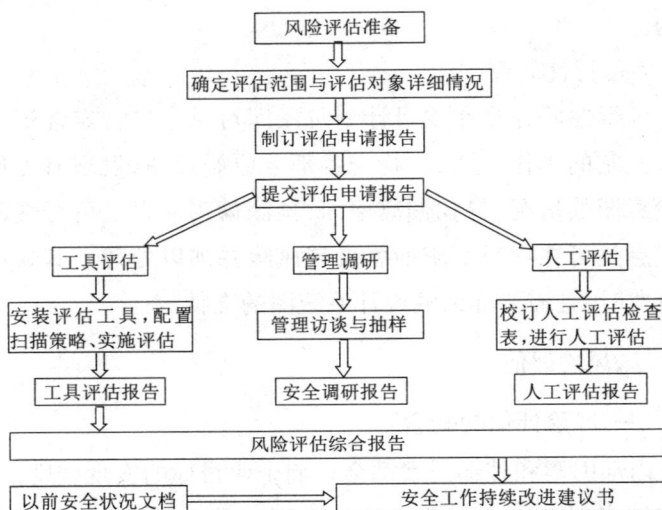

图5-1　风险评估的具体工作步骤

1.确定风险评估实施主体

风险评估应由企业组织有关职能部门和业务单位实施,也可聘请有资质、信誉好、风险管理专业能力强的中介机构协助实施。企业应制定《风险控制管理办法》《风险评估方法和标准》等相关制度和规章,明确机构的职责和分工、风险评估的程序和方法。具体进行风险评估的部门应是内部控制部门,负责对已识别的风险进行定量和定性的分析,估计风险的严重程度,评估风险发生的可能性或频率,考虑采取适当的措施管理风险。

2.确定风险评估的时间范围

风险评估的时间范围应与相关战略和目标的时间范围保持一致,当企业战略目标不仅着眼于中短期,并在某些方面延伸到较长时间时,管理层也不能忽视那些可能延伸的风险。

一般而言,时间范围越大,风险发生的可能性就越大,风险评估的要求就越高。另外,管理者还应注意,不同时间段所对应风险发生的可能性是不同的,如春季发生旱灾的可能性相对较高,而夏季发生洪涝灾害的可能性相对较高。

3.确定风险评估的空间范围

如果潜在事项之间并不相关,管理者应对它们分别进行评估;但当事项彼此关联时,或者当事项结合或相互影响产生显著不同的可能性或影响时,管理者应把它们放在一起进行评估。因此,风险分析应包括风险之间的关系分析,以便发现各风险之间的自然对冲、风险事件发生的正负相关性等组合效应,从风险策略上对风险进行统一集中管理。另外,企业在评估多项风险时,应根据对风险发生可能性的高低和对目标的影响程度的评估,绘制风险坐标图,对各项风险进行比较,初步确定对各项风险的管理优先顺序和策略。

4.运用风险评估技术及方法

风险评估方法包括定量分析和定性分析。在不要求做定量分析时,或者定量分析所需的充分可靠的数据实际上无法取得,以及获取这些数据不符合成本—效益原则时,管理者通常采用定性分析的方法。定量分析能带来较高的精确度,但要求数据较多,分析较为复杂,通常应用在特别重要的活动中。

5.风险评估的结果描述

对事件发生的可能性及影响程度进行定性或定量评估后,可以采用风险图、数量表等方式将其描述出来,以利于管理者针对不同的风险类型采用不同的风险管理策略。

第三节 企业内部控制的活动要素

一、职责分工控制

职责分工控制要求根据企业目标和职能任务,按照科学、精简、高效的原则,合理设置职能部门和工作岗位,明确各部门、各岗位的职责权限,形成各司其职、各负其责、便于考核、相互制约的工作机制。

企业组织机构有两个层面:一是法人治理结构问题,涉及董事会、监事会、经理的设置及相互关系;二是管理部门的设置及相互关系,对财务管理来说,就是如何确定财务管理的广度和深度,由此产生集权管理和分级管理的组织模式。

企业在确定职责分工过程中,应当充分考虑不相容职务相互分离的制衡要求。

所谓不相容职务,是指某些如果由一名员工担任,既可以弄虚作假,又能够自己掩饰作弊行为的职务。不相容职务通常包括授权、批准、业务经办、会计记录、财产保管、稽核检查等。企业应当根据各项经济业务与事项的流程和特点,系统、完整地分析、梳理执行该经济业务与事项涉及的不相容职务,并结合岗位职责分工采取分离措施。有条件的企业,可以借助计算机信息技术系统,通过权限设定等方式自动实现不相容职务的相互分离。需要分离的职务主要有:①授权批准职务与执行业务职务相分离;②业务经办职务与审核监督职务相分离;③业务经办职务与会计记录职务相分离;④财产保管职务与会计记录职务相分离;⑤业务经办职务与财产保管职务相分离。

二、授权控制

授权控制要求企业根据职责分工,明确各部门、各岗位办理经济业务与事项的权限范围、审批程序和相应责任等内容。企业内部各级管理人员必须在授权范围内行使职权和承担责任,业务经办人员必须在授权范围内办理业务。

授权一般包括常规性授权和临时性授权。常规性授权是指企业在日常经营管理活动中,按照既定的职责和程序进行的授权。企业可以根据常规性授权编制权限指引并以适当形式予以公布,提高权限的透明度,加强对权限行使的监督和管理。临时性授权是指企业在特殊情况、特定条件下进行的应急性授权,比如重大的筹资行为、投资决策、资本支出和股票发行等。企业应当加强对临时性授权的管理,规范临时性授权的范围、权限、程序、责任和相关的记录措施。有条件的企业,可以采用远程办公等方式逐步减少临时性授权。

企业对于金额重大、重要性高、技术性强、影响范围广的经济业务与事项,应当实行集体决策审批或者联签制度,任何个人不得单独进行决策或者擅自改变集体决策意见。未经授权的部门和人员,不得办理企业各类经济业务与事项。

授权控制体系包括:①确定授权批准的范围。企业的所有经营活动都应纳入其范围。②划分授权批准的层次。企业应根据经济活动的重要性和金额大小,确定不同的授权批准层次,从而保证各管理层有权亦有责。③明确授权批准的责任。应当明确被授权者在履行权力时应对哪些方面负责,应避免责任不清,一旦出现问题又难究其责的情况发生。④规范授权批准的程序。应规定每一类经济业务的审批程序,以便按程序办理审批,以避免越级审批、违规审批的情况发生。单位内部的各级管理层必须在授权范围内行使相应的职权,经办人员也必须在授权范围内办理各项经济业务①。

三、预算控制

完整的预算控制体系是包括预算编制、预算执行和预算考评三个环节。

(一)预算编制控制

1.选择预算管理模式

作为实现企业战略目标的手段,预算管理的重点必然要体现战略的要求。不同的战略规划决定企业选择不同的预算管理模式,并进一步决定企业选择不同的预算编制切入点、程序和方法。

2.明确预算编制程序

预算编制程序有自上而下式、自下而上式和上下结合式三种方式。

(1)自上而下式

所谓自上而下式,是指集团公司总部根据战略管理需要,制定全面而详细的预算,各部门或子公司只是预算执行主体,所有管理权力集中在总部。自上而下式适用于集权制管理的企业和产品生产、经营单一的企业。

(2)自下而上式

所谓自下而上式,是指各部门和子公司负责编制、上报预

---

①李敏.企业内部控制规范[M].上海:上海财经大学出版社,2011.

算,总部对预算负有最终审批权,预算管理的主动性在于基层单位,总部主要起到管理中心的作用。自下而上式适用于分权制管理的企业。

（3）上下结合式

上下结合式,博采上述两式之长,在预算编制过程中,经历了自上而下和自下而上的往复。上下结合式既体现了管理层的意志,反映了企业战略发展要求,又考虑到了基层单位的实际情况。这一方式的关键在于上与下如何结合、对接点如何确定的问题。

3.选择预算编制方法

预算编制的具体方法视不同部门、不同单位的性质和费用形态而定,通常有三种方法可供选择:①传统预算法,即在上年度的预算基础上,考虑本年度预计变动因素而编制的预算。这种方法简单、便于理解,但缺乏灵活性,适用于业务量平稳、变动幅度不大的企业。②弹性预算法,即以正常情况为基准,考虑相关范围内几个变化水平的预算方案。这种方法灵活,比如当销售量在某月发生变化时,可以根据变化幅度选择预算体系。③零基预算,即不考虑上期情况,而是根据现状分析,每次编制预算都从零开始。这种方法比较合理,效益也高,但编制过程烦琐耗时,适合研发部门使用。

（二）预算执行控制

1.预算控制主体

企业应建立严密的预算监控机构,即预算控制主体,以保证全方位的预算控制。预算系统具有全面性和系统性的特点,加之受成本、能力等因素的制约,使得企业难以通过设置一个专门的预算监控机构来承担预算控制的重任。因此,有效的控制方式应该是自我控制和管理控制相结合,这就决定了预算组织机构即为预算的控制主体。与预算组织机构相对应,预算控制也是分三个层次展开的。

2.预算控制流程

(1)预算指标的分解与下达

年度预算经过董事会批准后,需要分解为月度预算,有条件的企业,还可以分解到天,以保证预算的有效执行。企业将分解后的预算指标下达给各责任中心,以此作为对责任主体的硬约束。

(2)业务执行

各预算责任部门以预算指标作为业务活动的标准,本月无法完成的预算可以留转下月执行,但要单独列示。各预算责任部广应指定专职或兼职预算管理员,登记预算台账,形成预算执行统计记录,并定期与财务部门核对。

(3)业务审批

业务审批要素包括审批权限、审批依据和审批责任。对于预算业务申请,首先要划分预算内和预算外支出。如果属于预算内支出,则限额内实行责任人审批制;对限额外的支出,由主管业务的副总经理及以上职位人员审批。预算外支出需要提交预算委员会审议。

(4)财务审核

财务部门对各级业务部门的日常业务进行财务监督和审核。财务审核的重点是财务支出,尤其是成本支出和资本性支出。对于预算限额外支出,业务副总经理审批通过后,财务总监还要检查审批程序是否合规、合法，并签署意见。

（三）预算考评控制

预算考评以责任中心为考评主体，以预算指标为依据，定期比较预算执行结果与预算指标的差异，分析差异形成的原因，据以评价责任中心的工作业绩，并按照奖罚制度对各预算责任人进行考核与激励。

预算考评是对企业各级责任主体预算执行情况的考核和评价。从预算考评的方式看，可以分为动态考评和综合考评；从预算考评的内容和性质看，又可分为过程监控和结果评价。预算考评一般分两个阶段进行，即预算执行过程中的动态考评和预算期末的综合考评。

第四节　企业内部控制的信息与沟通要素

一、信息要素

广义来说，信息系统（Information System）是指能够完成对信息收集、组织、存贮、加工、传递和控制等职能的系统，其目的是为一个组织机构提供信息服务以支持管理决策活动。从这个意义上说，信息系统是人工构成或自然形成的加工信息的系统。

从狭义的角度来看，信息系统可以理解为计算机系统，是基于计算机技术、通信技术和软件技术，且融合了各种现代管理理论、现代管理方法，多级管理人员为一体，对所有形态（包括原始数据、已分析的数据、知识和专家经验）和所有形式（文字、视频和声音）的信息进行收集、组织、存贮、处理和显示，最终为某个组织整体的管理与决策服务的一个人机结合的信息处理系统。输入的数据和信息经过加工处理，可以输出能实现一定功能的有用的新信息，也就是实现了系统的目标。

从信息系统定义的外延看，信息系统早在计算机问世前就已经存在了，但由于计算机的使用日益广泛以及其不可替代的巨大作用，在很多场合，所谓的信息系统是指以计算机为核心进行信息处理的人—机系统。

COBIT 是 Controlled Obejctives for Information and Related Technology 的缩写，即信息及相关技术的控制目标，2000 年 7 月，由国际电脑稽核协会所属的信息系统审计与控制基金会修订完成。COBIT 是 ISACA 制定的面向过程的信息系统审计和评价的标准。对信息化建设成果的评价，按照系统属性可以划分为若干方面，如对最终成果评价、对建设过程评价、对系统架构评价等。

COBIT 是一个基于 IT 治理概念的、面向 IT 建设过程的 IT 治理实现指南和审计标准。COBTT 的目标是为信息系统审计提供公认的信息安全和控制评价标准。它将信息系统的作业过程划分为规划与组织、获取与实施、服务与支持、监督与评估 4 个阶段，各阶段共包括 34 个具体步骤。建立电子商务系统的内部控制程序和政策应以 COBIT 框架的 34 项作业步骤作为控制流程主线，针对各步骤的作业内容、控制目标和固有风险，选择 COSO 报告中的相应控制要索及控制要点来构成本环节的相应控制政策。COBIT 将 IT 过程、IT 资源及信息与企业的策略与目标联系起来,形成一个三维的体系结构。其中:IT准则维集中反映了企业的战略目标,主要从质量、成本、时间、资源利用率、系统效率、保密性、完整性、可用性等方面来保证信息的安全性、可靠性、有效性;IT资源维主要包括与信息、应用系统、设施及人的信息相关的资源,这是IT治理过程的主要对象;IT过程维则是在IT准则的指导下,对信息及相关资源进行规划与处理,从信息技术的规划与组织、获取与实施、服务与支持、监督与评估等4个方面确定了34个信息技术处理过程,每个处理过程还包括更加详细的控制目标和审计方针以对IT处理过程进行评估。

COBIT模型是企业战略目标和信息技术战略目标的桥梁,使得信息技术目标和企业战略目标之间实现互动。COBIT考虑了企业自身的战略规划,对业务环境和企业总的业务战略进行了分析定位,并将战略规划所产生的目标、政策、行动计划作为信息技术的关键环境,由此确定了IT准则。在IT准则指导下,利用控制目标模型,分别从规划与组织、获取与实施、服务与支持、监控与评估等过程来控制和管理信息资源,在信息系统管理和控制的同时,引入审计指南,从而保证IT资源管理的安全性、可靠性和有效性[①]。

二、沟通要素

(一)内部沟通

充分的内部沟通对于企业控制环境、控制作业、风险评估等各方面都起着至关重要的作用,企业所采取的沟通方式要

①李荣梅,姚树中,屈影. 企业内部控制[M]. 沈阳:东北财经大学出版社,2011.

能够达到顺畅沟通的目的,使员工们了解自己应承担的责任、应实现的目标,以及这些目标对企业的影响。有效的信息沟通需要合理考虑来自不同部门和岗位、不同渠道的相关信息,并进行合理筛选和相互核对。企业应当采取互联网络、电子邮件、电话传真、信息快报、例行会议、专题报告、调查研究、员工手册、教育培训、内部刊物等多种方式,实现所需的内部信息、外部信息在企业内部准确、及时地传递和共享,确保董事会、管理层和企业员工之间有效沟通。

(二)外部沟通

若要实现良好的内部控制,不但要有适当的内部沟通,外部沟通也是必不可少的。

企业有责任建立良好的外部沟通渠道,对外部有关方面的建议、投诉和收到的其他信息进行记录,并及时予以处理、反馈。有效的外部沟通既可以扩大企业的影响力,又可以使企业获得很多有效内部控制的重要信息。外部沟通应当重点关注以下方面。

1.与投资者和债权人的沟通

企业应当根据《中华人民共和国公司法》《中华人民共和国证券法》等法律法规、企业章程的规定,通过股东大会、投资者会议、定向信息报告等方式,及时向投资者报告企业的战略规划、经营方针、投融资计划、年度预算、经营成果、财务状况、利润分配方案,以及重大担保、合并分立、资产重组等方面的信息,听取投资者的意见和要求,妥善处理企业与投资者之间的关系。

2.与客户、供应商的沟通

企业可以通过客户座谈会、走访客户等多种形式,定期听取客户对消费偏好、销售政策、产品质量、售后服务、货款结算等方面的意见和建议,收集客户需求和客户的意见,妥善解决可能存在的控制不当问题。企业可以通过供需见面会、订货会、业务洽谈会等多种形式与供应商就供货渠道、产品质量、技术性能、交易价格、信用政策、结算方式等问题进行沟通,及时发现可能存在的控制不当问题。

3.与监管机构的沟通

企业应当及时向监管机构了解监管政策和监管要求及其变化,并相应完善自身的管理制度。同时,认真了解自身存在的问题,积极反映诉求和建议,努力加强与监管机构的协调。

4.与中介机构的沟通

企业应当定期与外部审计师进行会晤,听取外部审计师有关财务报表审计、内部控制等方面的建议,以保证内部控制的有效运行以及双方工作的协调。企业可以根据法定要求和实际需要,聘请律师参与有关重大业务、项目和法律纠纷的处理,并保持与律师的有效沟通。

第五节 企业内部控制的监督要素

监督是由管理当局对内部控制系统设计运行的效果进行定期或不定期的评价,以确定内部控制系统是否按照既定的目的运行,以及对特定情况下发生的变化进行适当的修正活动。监督是对内部控制的政策和程序进行管理监控,是内部控制有效性的保证。监督内部控制程序的执行情况、评价程序的合理性,对内部控制缺陷和政策程序提出调整建议,使内部控制在执行中得到完善和更新,从而保证内部控制处于有效状态。因此,监督是一种随着时间的推移而评估制度执行质量的过程,是组织经营管理当局对内部控制管理监视和内部审计监察部门对内部控制的再监控与再评价活动的总称。

进行监督的方法有两种:持续监督和个别评估。单位建构的内部控制制度中,通常包括对其本身所进行的某种程度的持续监督。持续监督的程度越强,其有效性也越高,则该单位所需的个别评估就越少。个别评估究竟需要多少,才能使管理阶层能合理保证其内部控制制度的有效性,系于管理阶层的判断。管理阶层作出判断时应考虑的因素是:已发生的改变及其所涉风险的性质和程度、执行控制的员工能力与经验,以及持续监督的结果。持续监督是过程监督,个别评估是结果控制。两者都融于管理控制,一定程度上相互补充。持续监督和个别评估的合理组合,将会确保内部控制制度长久有效。

一、持续的监督活动

用于监督内部控制是否有效的活动,在日常的经营过程中包括日常管理和监督活动、比较、调节和其他例行的行动。也就是说,持续监视程序往往会被嵌入组织正常的环境中,并且在组织中已根深蒂固。例如以下所列的几项。

负责营运的管理阶层,在履行其日常管理职责时,取得内部控制制度持续发挥功能的证据。如各管理阶层可将营运报告与财务报告及自己所经手的事项进行比较,以检测错误和发现偏差,并对有关问题提出质疑,以修正报告、解决例外事项,增强内部控制的有效性。

利用外部信息,来验证内部产生的信息的正确性,或找出问题的所在。如跟政府主管机关沟通,以验证单位遵循法令的情况;跟有关客户沟通,以验证单位销售交易处理及采购业务处理是否正确,验证应收、应付账款记录是否完整、正确。

利用健全的组织结构和职责分工来监督控制的有效性,并辨识其缺失。如通过职责分割、工作分段,使上级对下级形成制约、下级对上级形成牵制,不同员工之间彼此检查,以防止个人或部门舞弊。

将信息系统所记录的资料和实体资产进行比较,以提示其间的差异。如定期盘点存货。

二、个别评估

尽管持续监督的程序可经常提供内部控制其他组成要素是否有效的信息,但从全新的观点看,单位还有必要直接监督内部控制制度是否有效。这种做法也有利于考核持续性监督程序是否一直持续有效[①]。

(一)评估范围和频率

个别评估的范围和频率,应视被控制对象的风险大小及控制的重要性而定。一般而言,处理风险顺位排列在前的那些控制,应经常进行评估;在相同顺位中,最不可缺失的那些控制,更要经常进行评估;对整体控制评估的次数,通常要少于对特定控制评估的次数。如有重大策略改变、管理阶层变动、重大的并购或处分、重大的营运方法改变或财务信息处理方

---

①张远录,马红,李英.中小企业内部控制与风险管理[M].沈阳:东北财经大学出版社,2017.

式改变等,就需要对整体内部控制制度进行评估。当管理阶层决定要对单位整体控制制度进行评估时,必须注意内部控制的每个组成要素及其与所有重大活动的关系,同时还要考虑评估的范围受内部控制目标的影响。

(二)评估过程

评估内部控制制度,本身就是一个过程。尽管在评估中使用不同的方法或技术,但必须遵循一些基本的原则和要求。

评估者必须了解涉及的每一个作业及每一个内部控制制度组成要素。首先要注意每一项制度设计的要求是什么,它应该发挥什么控制功能,以及如何发挥其功能。评估者应与员工讨论,并复核现有的文件,以了解设计思想。

评估者应了解制度的实际运行情况,与原设计有何不同,各种变更是否必需和适当。评估者与执行控制的人员、受控制影响的人进行讨论、检查执行控制情况的记录,了解上述应知道的情况。

评估者应比较设计与执行之间的差异,并确认控制制度对已定目标的达成是否能提供合理的保证。

(三)评估方法

评估内部控制的方法和工具有很多种,如检查清单、阅卷及绘制流程图技术、量化技术等。此外,还可以列示一张有着所有控制目标的清单,用以辨认内部控制的基本目标。

第六章 企业内部控制的具体内容

第一节 资金活动控制

资金活动包括投资活动、筹资活动和资金营运活动。其控制流程如下。

一、筹资活动的业务流程

筹资活动是企业资金活动的起点,也是企业整个经营活动的基础。通过筹资活动,企业取得投资和日常生产经营活动所需的资金,从而使企业投资、生产、经营活动能够顺利进行。企业应当根据经营和发展战略的资金需要,确定融资战略目标和规划,结合年度经营计划和预算安排,拟定筹资方案,明确筹资用途、规模、结构和方式等相关内容,对筹资成本和潜在风险作出充分估计。如果是境外筹资,还必须考虑所在地的政治、经济、法律和市场等因素。

筹资活动的业务流程如图6-1所示。

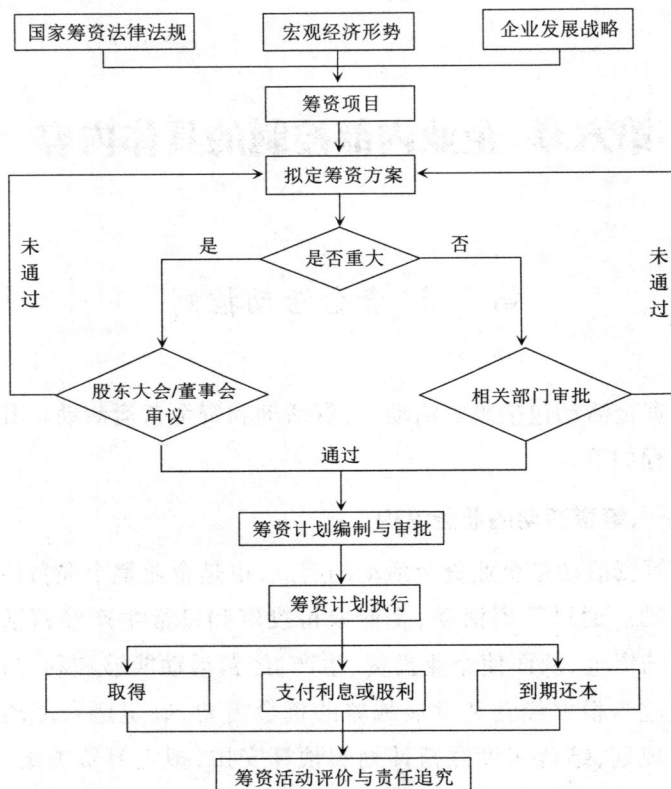

图6-1　筹资活动的控制流程

第一,提出筹资方案。一般由财务部门根据企业经营战略、预算情况与资金现状等因素,提出筹资方案。一个完整的筹资方案应包括筹资金额、筹资形式、利率、筹资期限、资金用途等内容。提出筹资方案的同时还应与其他生产经营相关业务部门沟通协调,在此基础上才能形成初始筹资方案。

第二,筹资方案论证。初始筹资方案还应经过充分的可行性论证。企业应组织相关专家对筹资项目进行可行性论证,可行性论证是筹资业务内部控制的重要环节。一般可以从下列几个方面进行分析论证：一是筹资方案的战略评估。主要评估筹资方案是否符合企业整体发展战略；控制企业筹资规模，防止因盲目筹资而给企业造成沉重的债务负担。二是筹资方案的经济性评估。主要分析筹资方案是否符合经济性要求，是否以最低的筹资成本获得了所需的资金，是否还有降低筹资成本的空间以及更好的筹资方式，筹资期限等是否经济合理，利息、股息等水平是否在企业可承受的范围之内。三是筹资方案的风险评估。对筹资方案面临的风险进行分析，特别是对于利率、汇率、货币政策、宏观经济走势等重要条件进行预测分析，对筹资方案面临的风险做出全面评估，并有效地应对可能出现的风险。

第三，筹资方案审批。通过可行性论证的筹资方案，需要在企业内部按照分级授权审批的原则进行审批，重点关注筹资用途的可行性。重大筹资方案，应当提交股东（大）会审议，筹资方案需经有关管理部门批准的，应当履行相应的报批程序。审批人员与筹资方案编制人员应适当分离。在审批中，应贯彻集体决策的原则，实行集体决策审批或者联签制度。在综合正反两方面意见的基础上进行决策，而不应由少数人主观决策。筹资方案发生重大变更的，应当重新履行可行性研究以及相关审批程序。

第四，筹资计划编制与执行。企业应根据审核批准的筹资方案，编制较为详细的筹资计划，经过财务部门批准后，严格按照相关程序筹集资金：通过银行借款方式筹资的，应当与有关金融机构进行洽谈，明确借款规模、利率、期限、担保、还款安排、相关的权利义务和违约责任等内容。双方达成一致意见后签署借款合同,据此办理相关借款业务。通过发行债券方式筹资的,应当合理选择债券种类,如普通债券还是可转换债券等,并对还本付息方案作出系统安排,确保按期、足额偿还到期本金和利息。通过发行股票方式筹资的,应当依照《中华人民共和国证券法》等有关法律法规和证券监管部门的规定,优化企业组织架构,进行业务整合,并选择具备相应资质的中介机构,如证券公司、会计师事务所、律师事务所等协助企业做好相关工作,确保符合股票发行条件和要求。同时,企业应当选择合理的股利支付方式,兼顾投资者的近期与长远利益,调动投资者的积极性,避免分配不足或过度。股利分配方案最终应经股东大会审批通过,如果是上市公司还必须按信息披露要求进行公告。另外,企业应通过及时足额还本付息,以及合理分配和支付股利,保持企业良好的信用记录,这一点对于企业顺利进行再融资具有重要意义。

第五,筹资活动的监督、评价与责任追究。要加强筹资活动的检查监督,严格按照筹资方案确定的用途使用资金,确保款项的收支、股息和利息的支付、股票和债券的保管等符合有关规定。筹资活动完成后要按规定进行筹资后评价,对存在违规现象的,严格追究其责任。

二、投资活动控制的业务流程

企业投资活动是筹资活动的延续,也是筹资的重要目的之一。投资活动作为企业的一种盈利活动,对于筹资成本补偿和企业利润创造,具有举足轻重的意义。企业应该根据自身发展战略和规划,结合企业资金状况以及筹资可能性,拟定投资目标,制订投资计划,合理安排资金投放的数量、结构、方向与时机,慎选投资项目,突出主业,谨慎从事股票或衍生金融工具等高风险投资。境外投资还应考虑政治、经济、金融、法律、市场等环境因素。如果采用并购方式进行投资,应当严格控制并购风险,注重并购协同效应的发挥[①]。

企业投资活动的内部控制,应该根据不同投资类型的业务流程,以及流程中各个环节体现出来的风险,采用不同的具体措施进行投资活动的内部控制。投资活动的业务流程一般包括:

第一,拟订投资方案。应根据企业发展战略、宏观经济环境、市场状况等,提出本企业的投资项目规划。在对规划进行筛选的基础上,确定投资项目。

第二,投资方案可行性论证。对投资项目应进行严格的可行性研究与分析。可行性研究需要从投资战略是否符合企业的发展战略、是否有可靠的资金来源、能否取得稳定的投资收益、投资风险是否处于可控或可承担范围内、投资活动的技术可行性、市场容量与前景等几个方面进行论证。

第三,投资方案决策。按照规定的权限和程序对投资项目进行决策审批,要通过分级审批、集体决策来进行,决策者应与方案制定者适当分离。重点审查投资方案是否可行、投资项目是否符合投资战略目标和规划、是否具有相应的资金能力、投入资金能否按时收回、预计收益能否实现,以及投资和并购风险是否可控等。

第四,投资计划编制与审批。根据审批通过的投资方案,

---

①赵立韦. 企业财务管理理论与实务[M]. 成都:西南交通大学出版社,2018.

与被投资方签订投资合同或协议,编制详细的投资计划,落实不同阶段的资金投资数量、投资具体内容、项目进度、完成时间、质量标准与要求等,并按程序报经有关部门批准,签订投资合同。

第五,投资计划实施。投资项目往往周期较长,企业需要指定专门机构或人员对投资项目进行跟踪管理,进行有效管控。在投资项目执行过程中,必须加强对投资项目的管理,密切关注投资项目的市场条件和政策变化,准确做好投资项目的会计记录和处理。企业应及时收集被投资方经审计的财务报告等相关资料,定期组织投资效益分析,关注被投资方的财务状况、经营成果、现金流量以及投资合同履行情况,发现异常情况的,应当及时报告并妥善处理。同时,在项目实施中,还必须根据各种条件,准确对投资的价值进行评估,根据投资项目的公允价值进行会计记录。如果发生投资减值,应及时提取减值准备。

第六,投资项目的到期处置。对已到期投资项目的处置同样要经过相关审批流程,妥善处置并实现企业最大的经济收益。企业应加强投资收回和处置环节的控制,对投资收回、转让、核销等决策和审批程序作出明确规定。重视投资到期本金的回收;转让投资应当由相关机构或人员合理确定转让价格,报授权批准部门批准,必要时可委托具有相应资质的专门机构进行评估;核销投资应当取得不能收回投资的法律文书和相关证明文件。

第二节 采购业务控制

一、采购计划控制

关键控制点:第一,生产、经营、项目建设等部门应当根据实际需求准确、及时编制需求计划。需求部门提出需求计划时,不能指定或变相指定供应商。对独家代理、专有、专利等特殊产品应提供相应的独家、专有资料,经专业技术部门研讨后,报请具备相应审批权限的部门或人员审批。第二,采购计划是企业年度生产经营计划的一部分,在制订年度生产经营计划过程中,企业应当根据发展目标实际需要,结合库存和在途情况,科学安排采购计划,防止采购过高或过低。第三,采购计划应纳入采购预算管理,经相关负责人审批后,作为企业刚性指令严格执行。

二、请购控制

关键控制点:第一,建立采购申请制度,依据购买物资或接受劳务的类型,确定归口管理部门,授予相应的请购权,明确相关部门或人员的职责权限及相应的请购程序。企业可以根据实际需要设置专门的请购部门,对需求部门提出的采购需求进行审核,并进行归类汇总,统筹安排企业的采购计划。第二,具有请购权的部门对于预算内采购项目,应当严格按照预算执行进度办理请购手续,并根据市场变化提出合理采购申请。对于超预算和预算外采购项目,应先履行预算调整程序,由具备相应审批权限的部门或人员审批后,再行办理请购手续。第三,具备相应审批权限的部门或人员审批采购申请时,应重点关注采购申请内容是否准确、完整,是否符合生产经营需要,是否符合采购计划,是否在采购预算范围内等。对不符合规定的采购申请,应要求请购部门调整请购内容或拒绝批准[①]。

三、选择供应商

关键控制点:第一,建立科学的供应商评估和准入制度,对供应商资质信誉情况的真实性和合法性进行审查,确定合格的供应商清单,健全企业统一的供应商网络。企业新增供应商的市场准入、供应商新增服务关系以及调整供应商物资目录,都要由采购部门根据需要提出申请,并按规定的权限和程序审核批准后,纳入供应商网络。企业可委托具有相应资质的中介机构对供应商进行资信调查。第二,采购部门应当按照公平、公正和竞争的原则,择优确定供应商,在切实防范舞弊风险的基础上,与供应商签订质量保证协议。第三,建立供应商管理信息系统和供应商淘汰制度,对供应商提供物资或劳务的质量、价格、交货及时性、供货条件及其资信、经营状况等进行实时管理和考核评价,根据考核评价结果,提出供应商淘汰和更换名单,经审批后对供应商进行合理选择和调整,并在供应商管理系统中作出相应记录。

四、确定采购价格

关键控制点:第一,健全采购定价机制,采取协议采购、招标采购、询比价采购、动态竞价采购等多种方式,科学合理地

---

①陆建平. 企业采购与供应[M]. 北京:国防工业出版社,2013.

确定采购价格。对标准化程度高、需求计划性强、价格相对稳定的物资,通过招标、联合谈判等公开、竞争方式签订框架协议。第二,采购部门应当定期研究大宗通用重要物资的成本构成与市场价格变动趋势,确定重要物资品种的采购执行价格或参考价格。建立采购价格数据库,定期开展重要物资的市场供求形势及价格走势商情分析并合理利用。

五、订立框架协议或采购合同

关键控制点:第一,对拟签订框架协议的供应商的主体资格、信用状况等进行风险评估;框架协议的签订应引入竞争制度,确保供应商具备履约能力。第二,根据确定的供应商、采购方式、采购价格等情况,拟订采购合同,准确描述合同条款,明确双方权利、义务和违约责任,按照规定权限签署采购合同。对于影响重大、涉及较高专业技术或法律关系复杂的合同,应当组织法律、技术、财会等专业人员参与谈判,必要时可聘请外部专家参与相关工作。第三,对重要物资验收量与合同量之间允许的差异,应当作出统一规定。

六、管理供应过程

关键控制点:第一,依据采购合同中确定的主要条款跟踪合同履行情况,对有可能影响生产或工程进度的异常情况,应出具书面报告并及时提出解决方案,采取必要措施,保证需求物资的及时供应。第二,对重要物资建立并执行合同履约过程中的巡视、点检和监造制度。对需要监造的物资,择优确定监造单位,签订监造合同,落实监造责任人,审核确认监造大纲,审定监造报告,并及时向技术等部门通报。第三,根据生产建设进度和采购物资特性等因素,选择合理的运输工具和运输方式,办理运输、投保等事宜。第四,实行全过程的采购登记制度或信息化管理,确保采购过程的可追溯性。

七、采购业务的后评估

采购业务对企业生存与发展具有重要影响,《企业内部控制应用指引第7号——采购业务》强调企业应当建立采购业务评估制度。就此,企业应当定期对物资需求计划、采购计划、采购渠道、采购价格、采购质量、采购成本、协调或合同签约与履行情况等物资采购供应活动进行专项评估和综合分析,及时发现采购业务薄弱环节,优化采购流程,同时,将物资需求计划管理、供应商管理、储备管理等方面的关键指标纳入业绩考核体系,促进物资采购与生产、销售等环节的有效衔接,不断防范采购风险,全面提升采购效能。

第三节 销售业务控制

一、销售计划控制

关键控制点:第一,企业应当根据发展战略和年度生产经营计划,结合企业实际情况,制订年度销售计划,在此基础上,结合客户订单情况,制订月度销售计划,并按规定的权限和程序审批后下达执行。第二,定期对各产品(商品)的区域销售额、进销差价、销售计划与实际销售情况等进行分析,结合生产现状,及时调整销售计划,调整后的销售计划需履行相应的审批程序。

二、客户开发与信用管理

关键控制点:第一,定价机制和信用方式控制。企业应当在进行充分市场调查的基础上,合理细分市场并确定目标市场,根据不同目标群体的具体需求,确定定价机制和信用方式,灵活运用销售折扣、销售折让、信用销售、代销和广告宣传等多种策略和营销方式,促进销售目标实现,不断提高市场占有率。第二,客户信用档案控制。建立和不断更新维护客户信用动态档案,由与销售部门相对独立的信用管理部门对客户付款情况进行持续跟踪和监控,提出划分、调整客户信用等级的方案。根据客户信用等级和企业信用政策,拟定客户赊销限额和时限,经销售、财会等部门具有相关权限的人员审批。对于境外客户和新开发客户,应当建立严格的信用保证制度①。

三、销售定价控制

关键控制点:第一,基准定价控制。应根据有关价格政策、综合考虑企业财务目标、营销目标、产品成本、市场状况及竞争对手情况等多方面因素,确定产品基准定价。定期评价产品基准价格的合理性,定价或调价需经具有相应权限人员的审核批准。第二,价格浮动控制。在执行基准定价的基础上,针对某些商品可以授予销售部门一定限度的价格浮动权,销售部门可结合产品市场特点,将价格浮动权向下实行逐级递减分配,同时明确权限执行人。价格浮动权限执行人必须严格遵守规定的价格浮动范围,不得擅自突破。第三,销售折

---

①马瑞婧. 销售管理[M]. 重庆:重庆大学出版社,2016.

扣与折让控制。销售折扣、销售折让等政策的制定应由具有相应权限人员审核批准。销售折扣、销售折让授予的实际金额、数量、原因及对象应予以记录,并归档备查。

四、订立销售合同

关键控制点:第一,合同谈判控制。订立销售合同前,企业应当指定专门人员与客户进行业务洽谈、磋商或谈判,关注客户信用状况,明确销售定价、结算方式、权利与义务条款等相关内容。重大的销售业务谈判还应当吸收财会、法律等专业人员参加,并形成完整的书面记录。第二,合同审批控制。企业应当建立健全销售合同订立及审批管理制度,明确必须签订合同的范围,规范合同订立程序,确定具体的审核、审批程序和所涉及的部门人员及相应权责。审核、审批应当重点关注销售合同草案中提出的销售价格、信用政策、发货及收款方式等。重要的销售合同,应当征询法律专业人员的意见。销售合同草案经审批同意后,企业应授权有关人员与客户签订正式销售合同。

五、发货控制

关键控制点:第一,销售部门应当按照经审核后的销售合同开具相关的销售通知单交仓储部门和财会部门。第二,仓储部门应当落实出库、计量、运输等环节的岗位责任,对销售通知进行审核,严格按照所列的发货品种和规格、发货数量、发货时间、发货方式、接货地点等,按规定时间组织发货,形成相应的发货单据,并应连续编号。第三,应当以运输合同或条款等形式明确运输方式、商品短缺、毁损或变质的责任、到货验收方式、运输费用承担、保险等内容,货物交接环节应做好装卸和检验工作,确保货物的安全发运,由客户验收确认。第四,应当作好发货各环节的记录,填制相应的凭证,设置销售台账,实现全过程的销售登记制度。

六、客户服务

关键控制点:第一,结合竞争对手客户服务水平,建立和完善客户服务制度,包括客户服务内容、标准、方式等。第二,设专人或部门进行客户服务和跟踪。有条件的企业可以按产品线或地理区域建立客户服务中心。加强售前、售中和售后技术服务,使客户服务人员的薪酬与客户满意度挂钩。第三,建立产品质量管理制度,加强销售、生产、研发、质量检验等相关部门之间的沟通协调。第四,做好客户回访工作,定期或不定期开展客户满意度调查;建立客户投诉制度,记录所有的客户投诉,并分析产生原因及解决措施。第五,加强销售退回控制。销售退回需经具有相应权限的人员审批后方可执行;销售退回的商品应当参照物资采购入库管理。

第四节 资产管理控制

一、存货

(一)取得存货

其主要管控措施为:企业存货管理实务中,应当根据各种存货采购间隔期和当前库存,综合考虑企业生产经营计划、市场供求等因素,充分利用信息系统,合理确定存货采购日期和数量,确保存货处于最佳库存状态。考虑到存货取得的风险管控措施主要体现在预算编制和采购环节,将由相关的预算和采购内部控制应用指引加以规范。

(二)验收入库

其主要管控措施为:企业应当重视存货验收工作,规范存货验收程序和方法,着力做好以下工作。

第一,外购存货的验收应当重点关注合同、发票等原始单据与存货的数量、质量、规格等核对一致。涉及技术含量较高的货物,必要时可委托具有检验资质的机构或聘请外部专家协助验收。

第二,自制存货的验收,应当重点关注产品质量,检验合格的半成品、产成品才能办理入库手续,对不合格品应及时查明原因、落实责任、报告处理。

第三,其他方式取得存货的验收,应当重点关注存货来源、质量状况、实际价值是否符合有关合同或协议的约定。

(三)仓储保管

其主要管控措施为:①存货在不同仓库之间流动时,应当办理出入库手续。②存货仓储期间要按照仓储物资所要求的储存条件妥善贮存,做好防火、防洪、防盗、防潮、防病虫害、防变质等保管工作,不同批次、型号和用途的产品要分类存放。生产现场的在加工原料、周转材料、半成品等要按照有助于提高生产效率的方式摆放,同时防止浪费、被盗和流失。③对代管、代销、暂存、受托加工的存货,应单独存放和记录,避免与本单位存货混淆。④结合企业实际情况,加强存货的保险投保,保证存货安全,合理降低存货意外损失风险。⑤仓储部门应对库存物料和产品进行每日巡查和定期抽检,详细记录库存情况;发现毁损、存在跌价迹象的,应及时与生产、采购、财务等相关部门沟通。对于进入仓库的人员应办理进出登记手续,未经授权的人员不得接触存货①。

(四)领用发出

其主要管控措施为:企业应当根据自身的业务特点,确定适用的存货发出管理模式,制定严格的存货准出制度,明确存货发出和领用的审批权限,健全存货出库手续,加强存货领用记录。通常情况下,对于一般的生产企业,仓储部门应核对经过审核的领料单或发货通知单的内容,做到单据齐全,名称、规格、计量单位准确;符合条件的准予领用或发出,并与领用人当面核对、点清交付。在商场超市等商品流通企业,在存货销售发出环节应侧重于防止商品失窃、随时整理弃置商品、每日核对销售记录和库存记录等。无论是何种企业,对于大批存货、贵重商品或危险品的发出,均应当实行特别授权;仓储部门应当根据经审批的销售(出库)通知单发出货物。

(五)盘点清查

其主要管控措施为:企业应当建立存货盘点清查工作规程,结合本企业实际情况确定盘点周期、盘点流程、盘点方法等相关内容,定期盘点和不定期抽查相结合。盘点清查时,应拟订详细的盘点计划,合理安排相关人员,使用科学的盘点方法,保持盘点记录的完整,以保证盘点的真实性、有效性。盘点清查结果要及时编制盘点表,形成书面报告,包括盘点人

①李梅香.资产管理实务[M].北京:北京交通大学出版社,2012.

员、盘点时间、盘点地点,实际所盘点存货名称、品种、数量、存放情况以及盘点过程中发现的账实不符情况等内容,对盘点清查中发现的问题,应及时查明原因,落实责任,按照规定权限报经批准后处理。

多部门人员共同盘点,应当充分体现相互制衡,严格按照盘点计划认真记录盘点情况。此外,企业至少应当于每年年度终了开展全面的存货盘点清查,及时发现存货减值迹象,将盘点清查结果形成书面报告。

(六)存货处置

其主要管控措施为:企业应定期对存货进行检查,及时、充分了解存货的存储状态,对于存货变质、毁损、报废或流失的处理要及时合理分清责任、分析原因。

二、固定资产

(一)固定资产的取得

第一,建立严格的固定资产交付使用验收制度。企业外购固定资产应当根据合同、供应商发货单等对所购固定资产的品种、规格、数量、质量、技术要求及其他内容进行验收,出具验收单,编制验收报告。企业自行建造的固定资产,应由建造部门、固定资产管理部门和使用部门共同填制固定资产移交使用验收单,验收合格后移交使用部门投入使用。未通过验收的不合格资产不得接收,必须按照合同等有关规定办理退换货或采取其他弥补措施。对于具有权属证明的资产,取得时必须有合法的权属证书。

第二,重视和加强固定资产的投保工作。企业应当通盘考虑固定资产状况,根据其性质和特点,确定和严格执行固定资产的投保范围和政策。投保金额与投保项目力求适当,对应投保的固定资产项目按规定程序进行审批,办理投保手续,规范投保行为,应对固定资产损失风险。对于重大固定资产项目的投保,应当考虑采取招标方式确定保险人,防范固定资产投保舞弊。已投保的固定资产发生损失的,应及时调查原因及受损金额,到保险公司办理相关的索赔手续。

(二)资产登记造册

第一,根据固定资产的定义,结合自身实际情况,制定适合本企业的固定资产目录,列明固定资产编号、名称、种类、所在地点、使用部门、责任人、数量、账面价值、使用年限、损耗等内容,有利于企业了解固定资产使用情况的全貌。

第二,按照单项资产建立固定资产卡片,资产卡片应在资产编号上与固定资产目录保持对应关系,详细记录各项固定资产的来源、验收情况、使用地点、责任单位和责任人、运转情况、维修情况、改造情况、折旧情况、盘点情况等相关内容,便于固定资产的有效识别。固定资产目录和卡片均应定期或不定期复核,保证信息的真实和完整。

(三)固定资产的运行维护

第一,固定资产使用部门会同资产管理部门负责固定资产日常维修、保养,将资产日常维护流程体制化、程序化、标准化,定期检查,及时消除风险,提高固定资产的使用效率,切实消除安全隐患。

第二,固定资产使用部门及管理部门建立固定资产运行管理档案,并据以制定合理的日常维修和大修理计划,并经主管领导审批。

第三,固定资产实物管理部门审核施工单位资质和资信,并建立管理档案;修理项目应分类,明确需要招投标项目。修理完成,由施工单位出具交工验收报告,经资产使用和实物管理部门核对工程量并审批。重大项目应专项审计。

第四,企业生产线等关键设备的运作效率与效果将直接影响企业的安全生产和产品质量,操作人员上岗前应由具有资质的技术人员对其进行充分的岗前培训,特殊设备实行岗位许可制度,需持证上岗,必须对资产运转进行实时监控,保证资产使用流程与既定操作流程相符,确保安全运行,提高使用效率。

(四)固定资产处置

第一,对使用期满、正常报废的固定资产,应由固定资产使用部门或管理部门填制固定资产报废单,经企业授权部门或人员批准后对该固定资产进行报废清理。

第二,对使用期限未满、非正常报废的固定资产,应由固定资产使用部门提出报废申请,注明报废理由、估计清理费用和可回收残值、预计处置价格等。企业应组织有关部门进行技术鉴定,按规定程序审批后进行报废清理。

第三,对拟出售或投资转出及非货币交换的固定资产,应由有关部门或人员提出处置申请,对固定资产价值进行评估,并出具资产评估报告。报经企业授权部门或人员批准后予以出售或转让。企业应特别关注固定资产处置中的关联交易和处置定价,固定资产的处置应由独立于固定资产管理部门和使用部门的相关授权人员办理,固定资产处置价格应报经企业授权部门或人员审批后确定。对于重大固定资产处置,应当考虑聘请具有资质的中介机构进行资产评估,采取集体审议或联签制度。涉及产权变更的,应及时办理产权变更手续。

第四,对出租的固定资产由相关管理部门提出出租或出借的申请,写明申请的理由和原因,并由相关授权人员和部门就申请进行审核。审核通过后应签订出租或出借合同,包括合同双方的具体情况,出租的原因和期限等内容。

三、无形资产

(一)无形资产的取得和验收

其主要管控措施为:企业应当建立严格的无形资产交付使用验收制度,明确无形资产的权属关系,及时办理产权登记手续。企业外购无形资产,必须仔细审核有关合同协议等法律文件,及时取得无形资产所有权的有效证明文件,同时特别关注外购无形资产的技术先进性;企业自行开发的无形资产,应由研发部门、无形资产管理部门和使用部门共同填制无形资产移交使用验收单,移交使用部门使用;企业购入或者以支付土地出让金方式取得的土地使用权,必须取得土地使用权的有效证明文件。当无形资产权属关系发生变动时,应当按照规定及时办理权证转移手续。

(二)无形资产的使用与保全

其主要管控措施为:企业应当强化无形资产使用过程的风险管控,充分发挥无形资产对提升企业产品质量和市场影响力的重要作用;建立健全无形资产核心技术保密制度,严格限制未经授权人员直接接触技术资料,对技术资料等无形资产的保管及接触应保有记录,实行责任追究制,保证无形资产的安全与完整;对侵害本企业无形资产的,要积极取证并形成书面调查记录,提出维权对策,按规定程序审核并上报等等。

(三)无形资产的技术升级与更新换代

其主要管控措施为:企业应当定期对专利、专有技术等无形资产的先进性进行评估。发现某项无形资产给企业带来经济利益的能力受到重大不利影响时,应当考虑淘汰落后技术,同时加大研发投入,不断推动企业自主创新与技术升级,确保企业在市场经济竞争中始终处于优势地位。

(四)无形资产的处置

其主要管控措施为:企业应当建立无形资产处置的相关管理制度,明确无形资产处置的范围、标准、程序和审批权限等要求。无形资产的处置应由独立于无形资产管理部门和使用部门的其他部门或人员按照规定的权限和程序办理;应当选择合理的方式确定处置价格,并报经企业授权部门或人员审批;重大的无形资产处置,应当委托具有资质的中介机构进行资产评估。

第五节 担保业务控制

担保业务关键的控制点及其控制措施依据担保业务流程的不同环节可以分为以下内容。

一、确定办理担保业务的部门及岗位职责，做到不相容职务的分离

合理确定担保业务受理申请、调查审批、监督执行的相关部门及岗位是保障担保业务顺利进行，避免产生担保风险的前提。对担保业务中的不相容职务应该进行分离，具体包括：担保业务的受理职务与审批职务应分离；负责调查了解担保项目和被担保企业情况的职务与审批职务应分离；签订担保合同的职务与审批职务应分离；担保业务的记账与付款职务应分离。

二、受理被担保人申请的控制措施

第一，依法制定和完善本企业的担保政策和相关管理制度，明确担保的对象、范围、方式、条件、程序、担保限额和禁止担保的事项。

第二，配备具有相应业务能力和良好职业道德的人员从事受理申请职务，若该岗位的人员出现与被申请人有关联关系的，需要进行回避。

第三，严格按照担保政策和相关管理制度对担保申请人提出的担保申请进行审核。

三、资信调查和风险评估的控制措施

第一，资信调查和风险评估人员与受理申请担保的人员要分离。

第二，委派具备胜任能力的专业人员开展调查和评估。担保申请人为企业关联方的，与关联方存在经济利益或近亲属关系的有关人员不得参与调查评估。企业可以自行对担保申请人进行资信调查和风险评估，也可以委托中介机构承担这一工作,同时应加强对中介机构工作情况的监控。

第三,对担保申请人资信状况和有关情况进行全面、客观的调查评估。在调查和评估中,应当重点关注以下事项:①担保业务是否符合国家法律法规和本企业担保政策的要求,凡与国家法律法规和本企业担保政策相抵触的业务,一律不得提供担保。②担保申请人的资信状况,包括基本情况、资产质量、财务状况、经营情况、信用程度、行业前景等。在对担保申请人财务状况进行调查时,要综合运用多种方法深入分析其短期偿债能力、长期偿债能力、盈利能力、资产管理能力和可持续发展能力等核心指标,充分掌握企业的资信状况,对于涉及对境外企业提供担保的,还应特别关注担保申请人所在国家和地区的政治、经济、法律等因素,并评估外汇政策、汇率变动等可能对担保业务造成的影响。③担保申请人用于担保和第三方担保的资产状况及其权利归属。④企业要求担保申请人提供反担保的,还应对与反担保有关的资产状况进行评估。反担保是指为债务人担保的第三人,为了保证其追偿权的实现,要求债务人提供的担保。反担保是维护担保人的利益、保障其将来可能发生的追偿权实现的有效措施①。

第四,合理预测担保项目经营前景和盈利能力。企业整体的资信状况和担保项目的预期运营情况,构成判断担保申请人偿债能力的两大重要方面,应当予以重视。

第五,严格设定不予担保的情形,并结合调查评估情况作出判断。《企业内部控制应用指引第12号——担保业务》明确规定了以下五类不予担保的情形:①担保项目不符合国家法

---

① 程翔,房燕. 担保理论与实务[M]. 北京:北京邮电大学出版社,2014.

律法规和本企业担保政策的;②担保申请人已进入重组、托管、兼并或破产清算程序的;③担保申请人财务状况恶化、资不抵债、管理混乱、经营风险较大的;④担保申请人与其他企业存在较大经济纠纷,面临法律诉讼且可能承担较大赔偿责任的;⑤担保申请人与本企业已经发生过担保纠纷且仍未妥善解决的,或不能及时足额交纳担保费用的。

第六,撰写书面评估报告,全面反映调查评估情况。企业应当规范评估报告的形式和内容,妥善保管评估报告,并作为日后追究有关人员担保责任的重要依据。

四、审批环节的控制措施

第一,建立和完善担保授权审批制度,明确授权批准的方式、权限、程序、责任和相关控制措施,规定各层级人员应当在授权范围内进行审批,不得超越权限审批。企业内设机构不得以企业名义对外提供担保。企业应当加大对分公司对外提供担保的管控力度,严格限制分公司担保行为,避免因分公司违规担保为本企业带来不利后果。

第二,建立和完善重大担保业务的集体决策审批制度。企业应当根据《公司法》等国家法律法规,结合企业章程和有关管理制度,明确重大担保业务的判断标准、审批权限和程序。上市公司的重大对外担保,应取得董事会全体成员2/3以上签署同意或者经股东大会批准,未经董事会或者类似权力机构批准,不得对外提供重大担保。

第三,认真审查对担保申请人的调查评估报告,在充分了解掌握有关情况的基础上,权衡比较本企业净资产状况、担保限额与担保申请人提出的担保金额,确保将担保金额控制在企业设定的担保限额之内。

第四,从严办理担保变更审批。被担保人要求变更担保事项的,企业应当重新履行调查评估程序,根据新的调查评估报告重新履行审批手续。

五、签订担保合同的控制措施

第一,严格按照经审核批准的担保业务订立担保合同。合同订立经办人员应当在职责范围内,按照审批人员的批准意见拟订合同条款。

第二,认真审核合同条款,确保担保合同条款内容完整、表述严谨准确、相关手续齐备。在担保合同中应明确被担保人的权利、义务、违约责任等相关内容,并要求被担保人定期提供财务报告和有关资料,及时通报担保事项的实施情况。担保申请人同时向多方申请担保的,企业应当在担保合同中明确约定本企业的担保份额和相应的责任。

第三,实行担保合同会审联签。担保业务除了企业具体的业务经办部门外,还涉及企业的财会部门等。因而企业可以依据具体情况实行由企业担保业务部门、法律部门、财会部门、内审部门等共同参与的担保合同会审联签制度,增强担保合同的合法性、规范性和完备性,有效避免权利义务约定、合同文本表述等方面的疏漏。

第四,加强对有关身份证明和印章的管理。依照法律规定和企业内部管理制度,在担保合同签订过程中,往往需要提供、使用企业法定代表人的身份证明、个人印章和担保合同专用章等。因此,必须加强对身份证明和印章的管理,保证担保合同用章用印符合当事人真实意愿,避免用章用印管理的漏洞造成被盗用而给企业带来担保风险。

第五,规范担保合同记录、传递和保管,确保担保合同运转轨迹清晰完整、有案可查。

六、担保合同执行及日常监控的控制措施

第一,指定专人定期监测被担保人的经营情况和财务状况,对被担保人进行跟踪和监督,了解担保项目的执行、资金的使用、贷款的归还、财务运行及风险等情况,促进担保合同有效履行。企业财会部门要及时,最好是按月或者按季收集、分析被担保人担保期内的财务报告等相关资料,持续关注被担保人的财务状况、经营成果、现金流量以及担保合同的履行情况,积极配合担保经办部门防范担保业务风险。

第二,及时报告被担保人异常情况和重要信息。企业有关部门和人员在实施日常监控过程中发现被担保人经营困难、债务沉重,或者存在违反担保合同的其他各种情况,应当及时向企业有关管理人员作出报告,以便采取有针对性的应对措施。

第六节 财务报告控制

一、财务报告编制及其控制

企业应当按照国家统一的会计准则规定,根据登记完整、核对无误的会计账簿记录和其他有关资料编制财务报告,做到内容完整、数字真实、计算准确,不得漏报或者随意进行取

舍。在编制财务报告过程中,应当真实、完整地在会计报表附注和财务情况说明书中说明需要说明的事项①。

第一,企业财务报告列示的资产、负债、所有者权益金额应当真实、可靠。各项资产计价方法不得随意变更,如有减值,应当合理计提减值准备,严禁虚增或虚减资产;各项负债应当反映企业的现时义务,不得提前、推迟或不确认负债,严禁虚增或虚减负债;所有者权益应当反映企业资产扣除负债后由所有者享有的剩余权益,由实收资本、资本公积、留存收益等构成。企业应当作好所有者权益保值增值工作,严禁虚假出资、抽逃出资、资本不实。

第二,企业财务报告应当如实列示当期收入、费用和利润各项收入的确认应当遵循规定的标准,不得虚列或者隐瞒收入、推迟或提前确认收入;各项费用、成本的确认应当符合规定,不得随意改变费用、成本的确认标准或计量方法,虚列、多列、不列或者少列费用、成本;利润由收入减去费用后的净额,直接计入当期利润的利得和损失等构成。不得随意调整利润的计算、分配方法,编造虚假利润。

第三,企业财务报告应当如实编制现金流量、附注和合并财务报表企业财务报告列示的各种现金流量由经营活动、投资活动和筹资活动的现金流量构成,应当按照规定划清各类交易和事项的现金流量的界限。附注是财务报告的重要组成部分,对反映企业财务状况、经营成果、现金流量的报表中需要说明的事项,做出真实、完整、清晰的说明。企业应当按照国家统一的会计准则编制附注。

---

① 李宁. 财务管理[M]. 北京:中国金融出版社,2015.

企业集团应当编制合并财务报表,明确合并财务报表的合并范围和合并方法,如实反映企业集团的财务状况、经营成果和现金流量。

另外,企业编制财务报告,应当充分利用信息技术,提高工作效率和工作质量,减少或避免编制差错和人为调整因素。为此,企业应当依照法律法规和国家统一的会计准则的规定,及时对外提供财务报告。企业财务报告编制完成后,应当装订成册,加盖公章,由企业负责人、总会计师或分管会计工作的负责人、财会部门负责人签字并盖章。财务报告须经注册会计师审计的,注册会计师及其所在的事务所出具的审计报告应当随同财务报告一并提供。企业对外提供的财务报告应当及时调整归档,并按有关规定妥善保管。

二、财务报告的分析利用及其控制

企业应当重视财务报告分析工作,定期召开财务分析会议,充分利用财务报告反映的综合信息,全面分析企业的经营管理状况和存在的问题,不断提高经营管理水平。

企业财务分析会议应吸收有关部门负责人参加。总会计师或分管会计工作的负责人应当在财务分析和利用工作中发挥主导作用。

企业应当分析企业的资产分布、负债水平和所有者权益结构,通过资产负债率、流动比率、资产周转率等指标分析企业的偿债能力和营运能力;分析企业净资产的增减变化,了解和掌握企业规模和净资产的不断变化过程。

企业应当分析各项收入、费用的构成及增减变动情况,通过净资产收益率、每股收益等指标,分析企业的盈利能力和发展能力,了解和掌握当期利润增减变化的原因和未来发展趋势。

企业应当分析经营活动、投资活动、筹资活动现金流量的运转情况,重点关注现金流量能否保证生产经营过程的正常运行,防止现金短缺或闲置。

企业定期的财务分析应当形成分析报告,构成内部报告的组成部分。财务分析报告结果应当及时传递给企业内部有关管理层级,充分发挥财务报告在企业生产经营管理中的重要作用。

第七节　全面预算控制

一、岗位分工与授权批准控制措施

企业应当加强全面预算工作的组织领导,明确预算管理体制以及各预算执行单位的职责权限、授权批准程序和工作协调机制,以此控制岗位分工与授权批准控制的风险。企业设置全面预算管理体系,应遵循合法科学、高效有力、经济适度、全面系统、权责明确等基本原则,一般包括全面预算管理决策机构、工作机构和执行单位。

(一)全面预算管理决策机构——预算管理委员会

预算管理委员会(budget management comitee)是专职履行全面预算管理职责的决策机构。预算管理委员会成员由企业负责人及内部相关部门负责人组成,总会计师或分管会计工作的负责人应当协助企业负责人负责企业全面预算管理工作的组织领导。预算管理委员会一般由企业的董事长或总经理担任主任,吸纳企业内各相关部门的主管等人员参加。对全面预算管理来说,预算管理委员会是最高管理机构。

预算管理委员会主要负责拟定预算目标和预算政策,制定预算管理的具体措施和办法,组织编制、平衡预算草案,下达经批准的预算,协调解决预算编制和执行中的问题,考核预算执行情况,督促完成预算目标。预算管理委员会下设预算管理工作机构,由其履行日常管理职责。预算管理工作机构一般设在财会部门。

预算管理委员会的主要职责一般包括:①制定有关预算管理的政策、规定、制度等相关文件;②根据企业战略规划和年度经营目标,拟定预算目标,并确定预算目标分解方案、预算编制方法和程序;③组织编制、综合平衡预算草案;④在预算编制、执行过程中发现部门间有彼此抵触现象时,予以必要的协调;⑤将经过审批的预算提交董事会,通过后下达经批准的正式年度预算;⑥审议预算调整方案,依据授权进行审批;⑦根据需要,就预算的修正加以审议并做出相关决定;⑧对企业全面预算总的执行情况进行考核;⑨其他全面预算管理事宜。

(二)全面预算的工作机构

因预算管理委员会的成员大部分是由企业内部各责任单位的主管兼任,预算草案由各相关部门分别提供,获准付诸执行的预算方案是企业的一个全面性生产经营计划,预算管理委员会在预算会议上所确定的预算方案也绝不是各相关部门预算草案的简单汇总,这就需要在确定、提交通过之前对各部门提供的草案进行必要的初步审查、协调与综合平衡,因此必须设立一个专门机构来具体负责预算的汇总编制,并处理日常事务。预算管理工作机构一般设在财会部门,其主任一般由总会计师(或财务总监、分管财会工作的副总经理)兼任,工作人员除了财会部门的人员外,还应有计划、人力资源、生产、销售、研发等业务部门人员参加。预算管理工作机构的主要职责一般包括:①拟定企业各项全面预算管理制度,并负责检查落实预算管理制度的执行;②拟定年度预算总目标分解方案及有关预算编制程序、方法的草案,报预算管理委员会审定;③组织和指导各级预算单位开展预算编制工作;④预审各预算单位的预算初稿,进行综合平衡,并提出修改意见和建议;⑤汇总编制企业全面预算草案,提交预算管理委员会审查;⑥跟踪、监控企业预算执行情况;⑦定期汇总、分析各预算单位预算执行情况,并向预算管理委员会提交预算执行分析报告,为委员会进一步采取行动拟定建议方案;⑧接受各预算单位的预算调整申请,根据企业预算管理制度进行审查,集中制订年度预算调整方案,报预算管理委员会审议;⑨协调解决企业预算编制和执行中的有关问题;⑩提出预算考核和奖惩方案,报预算管理委员会审议;⑪组织开展对企业二级预算执行单位(企业内部各职能部门、所属分(子)企业等,下同)预算执行情况的考核,提出考核结果和奖惩建议,报预算管理委员会审议;⑫预算管理委员会授权的其他工作①。

(三)全面预算的执行单位——预算管理责任中心

全面预算执行单位是指根据其在企业预算总目标实现过

---

① 韦德宏,邹武平. 财务预算学[M]. 2版. 北京:国防工业出版社,2017.

程中的作用和职责划分的,承担一定经济责任并享有相应权利和利益的企业内部单位,包括企业内部各职能部门、所属分(子)企业等。预算责任单位的划分应当遵循分级分层、权责利相结合、责任可控、目标一致的原则,并与企业的组织机构设置相适应。确定责任中心(responsibility center)是预算管理的一项基础工作。根据不同责任中心的控制范围和责任对象的特点,可将其分为成本中心、利润中心、投资中心、收入中心和费用中心。

预算执行单位的主要职责一般包括:①提供编制预算的各项基础资料;②负责本单位全面预算的编制和上报工作;③将本单位预算指标层层分解,落实到各部门、各环节和各岗位;④严格执行经批准的预算,监督检查本单位预算执行情况;⑤及时分析、报告本单位的预算执行情况,解决预算执行中的问题;⑥根据内外部环境变化及企业预算管理制度,提出预算调整申请;⑦组织实施本单位内部的预算考核和奖惩工作;⑧配合预算管理部门做好企业总预算的综合平衡、执行监控、考核奖惩等工作;⑨执行其他预算管理任务。

二、预算编制控制措施

企业应当在企业战略的指导下,以上一期间的实际状况为基础,结合本企业业务发展情况,综合考虑预算期内经济政策变动、行业市场状况、产品竞争能力、内部环境变化等因素对生产经营活动可能造成的影响,根据自身业务特点和工作实际编制相应的预算,并在此基础上汇总编制预算方案。

(一)全面性控制

全面预算,顾名思义,企业应该进行全面的预算管理。具体而言,一是企业各个部门必须参与到全面预算的管理过程中,二是将企业的所有经济活动的各个方面、各个环节都纳入预算编制范围,形成由经营预算、投资预算、筹资预算、财务预算等一系列预算组成的相互衔接和勾稽的全面预算体系。

（二）编制依据和数据控制

一是制定明确的战略规划,并依据战略规划制定年度经营目标和计划,作为制定预算目标的首要依据;二是通过深入开展企业外部环境地调研和预测,获得完整的编制数据,确保预算编制有据可依、有据可循;三是深入分析企业上一期间的预算执行情况,充分预计预算期内企业资源状况、生产能力、技术水平等自身环境的变化,确保预算编制符合企业生产经营活动的客观实际。

（三）编制程序控制

预算编制的程序可分为:自上而下式、自下而上式以及上下结合式三种方式。《企业内部控制应用指引第15号——全面预算》要求,企业应当根据发展战略和年度生产经营目标,综合考虑预算期内市场环境变化等因素,应当按照上下结合、分级编制、逐级汇总的程序,编制年度全面预算。一是建立系统的指标分解体系,并在与各预算责任中心进行充分沟通的基础上,分解下达初步预算目标;二是各预算责任中心按照下达的预算目标和预算政策,结合自身特点以及预测的执行条件,认真测算并提出本责任中心的预算草案,逐级汇总上报预算管理工作机构;三是预算管理工作机构进行充分协调、沟通,审查平衡预算草案并上报预算管理委员会;四是预算管理委员会对预算草案进行研究论证,从企业发展全局角度提出进一步调整、修改的建议,形成企业年度全面预算草案并提交董事会；五是董事会审核全面预算草案，确保全面预算与企业发展战略、年度生产经营计划相协调。

（四）编制方法控制

企业应当遵循经济活动规律，充分考虑企业自身经济业务特点，选择适合企业发展需要的预算编制方法。企业可以选择或综合运用固定预算、弹性预算、零基预算、滚动预算、概率预算等方法编制预算。

（五）预算目标及指标体系设计控制

一是按照"财务指标为主体、非财务指标为补充"的原则设计预算指标体系；二是将企业的战略规划、经营目标体现在预算指标体系中；三是将企业产、供、销、投融资等各项活动的各个环节、各个方面的内容都纳入预算指标体系；四是将预算指标体系与绩效评价指标协调一致；五是按照各责任中心在工作性质、权责范围、业务活动特点等方面的不同，设计不同或各有侧重的预算指标体系。

三、预算执行控制

在预算执行阶段，企业各部门在生产经营及相关的各项活动中，需要充分地按预算办事，围绕实现预算开展经济活动。在预算的执行过程中，企业应该明确各项业务的授权审批权限及审批流程，强调预算的"硬约束性"，对于无预算或者超预算的项目进行严格控制。

第一，建立预算执行的预警机制。通过建立预算执行的预警机制，企业能够科学选择预警指标，合理确定预警范围，及时发出预警信号，积极采取应对措施。

第二,建立预算执行的记录与报告制度。企业应当以年度预算作为预算期内组织、协调各项生产经营活动和管理活动的基本依据,可将年度预算细分为季度、月度等时间进度预算,通过实施分期预算控制,实现年度预算目标。企业预算管理部门应当运用财务报告和其他有关资料监控预算执行情况,及时向企业决策机构和各预算执行单位报告反馈预算执行进度、执行差异及对预算目标的影响,促进企业完成预算目标。

第三,建立预算执行实时监控制度,及时发现和纠正预算执行中的偏差,确保企业的各项经济活动符合预算要求;对于涉及生产过程和成本费用的,还应严格执行相关计划、定额、定率标准。

第四,建立预算执行的责任制度。企业预算批准下达后,各预算执行单位必须认真组织实施,将预算指标层层分解,从横向和纵向落实到内部各部门、各环节和各岗位。同时,企业应当建立预算执行责任制度,对照已确定的责任指标,定期或不定期地对相关部门及人员责任指标完成情况进行检查、实施考评。

第五,建立重大预算项目特别关注制度。对于工程项目、对外投融资等重大预算项目,企业应当密切跟踪其实施进度和完成情况,实行严格监控。对于重大的关键性预算指标,也要密切跟踪、检查。

第六,建立预算执行结果质询制度。要求预算执行单位对预算指标与实际结果之间的重大差异作出合理解释,并采取相应措施。

四、预算调整

企业在预算执行过程中,可能会由于市场环境、经营条件、国家法规政策等发生重大变化,或出现不可抗力的重大自然灾害、公共紧急事件等致使预算的编制基础不成立,或者将导致预算执行结果产生重大差异,需要调整预算的,应当报经原预算审批机构批准。调整预算由预算执行单位逐级向原预算审批机构提出正式书面报告,说明预算执行中遇到的客观因素变化情况及其对预算执行造成的影响程度,提出预算调整的边界。企业预算管理部门应当对预算执行单位提交的预算调整报告进行审核分析,集中编制企业年度预算调整方案,提交原预算审批机构审议批准,然后下达执行。其程序如下。

第一,明确预算调整条件。企业在预算执行过程中,确需调整预算的,应当履行严格的审批程序。企业应当在有关预算管理制度中明确规定预算调整的条件。

第二,强化预算调整原则。一是预算调整应当符合企业发展战略、年度经营目标和现实状况,重点放在预算执行中出现的重要的、非正常的、不符合常规的关键性差异方面;二是预算调整方案应当客观、合理、可行,在经济上能够实现最优化;三是预算调整应当谨慎,调整频率应予以严格控制,年度调整次数应尽量少。

第三,规范预算调整程序,严格审批。预算管理委员会应当对年度预算调整方案进行审议,根据预算调整事项性质或预算调整金额的不同,按照授权进行审批,或提交原预算审批机构审议批准,然后下达执行。企业预算管理委员会或董事会审批预算调整方案时,应当依据预算调整条件,并考虑预算调整原则严格把关,对于不符合预算调整条件的,坚决予以否决;对于预算调整方案欠妥的,应当协调有关部门和单位研究改进方案,并责成预算管理工作机构予以修改后再履行审批程序。

第八节 合同管理控制

企业应当加强合同管理,确定合同归属管理部门,明确合同拟定、审批、执行等环节的程序和要求,定期检查和评价合同管理中的薄弱环节,采取相应控制措施,促进合同有效履行,切实维护企业的合法权益。

一、合同调查控制

第一,审查合同主体的身份证件、法人登记证书、资质证明、授权委托书等证明原件,同时,可通过发证机关查询证书的真实性和合法性,关注授权代理人的行为是否在其被授权范围内,在充分收集相关证据的基础上评价主体资格是否恰当。

第二,获取调查对象经审计的财务报告、以往交易记录等财务和非财务信息,分析其获利能力、偿债能力和营运能力,评估其财务风险和信用状况,并在合同履行过程中持续关注其资信变化,建立和及时更新合同对方的商业信用档案。

第三,对被调查对象进行现场调查,实地了解和全面评估其生产能力、技术水平、产品类别和质量等生产经营情况,分析其合同履约能力。

第四,与被调查对象的主要供应商、客户、开户银行、主管税务机关和工商管理部门等沟通,了解其生产经营、商业信誉、履约能力等情况[①]。

二、合同谈判控制

第一,收集谈判对手资料,充分熟悉谈判对手情况,做到知己知彼;仔细研究国家相关法律法规、行业监管、产业政策、同类产品或服务价格等与谈判内容相关的信息,正确制定本企业谈判策略。

第二,关注合同核心内容、条款和关键细节,具体包括合同标的数量、质量或技术标准,合同价格的确定方式与支付方式,履约期限和方式,违约责任和争议的解决方法、合同变更或解除条件等。

第三,对于影响重大、涉及较高专业技术或法律关系复杂的合同,组织法律、技术、财会等专业人员参与谈判,充分发挥团队智慧,及时总结谈判过程中的得失,研究确定下一步谈判策略。

第四,必要时可聘请外部专家参与相关工作,并充分了解外部专家的专业资质、胜任能力和职业道德情况。

第五,加强保密工作,严格责任追究制度。

第六,对谈判过程中的重要事项和参与谈判人员的主要意见,予以记录并妥善保存,作为避免合同舞弊的重要手段和责任追究的依据。

[①]关剑,王玲启. 财务管理[M]. 北京:北京理工大学出版社,2016.

三、合同文本拟定控制

第一,企业对外发生经济行为,除及时结清方式外,应当订立书面合同。

第二,严格审核合同需求与国家法律法规、产业政策、企业整体战略目标的关系,保证其协调一致;考察合同是否以生产经营计划、项目立项书等为依据,确保完成具体业务经营目标。

第三,合同文本一般由业务承办部门起草,法律部门审核;重大合同或法律关系复杂的特殊合同应当由法律部门参与起草。国家或行业有合同示范文本的,可以优先选用,但对涉及权利义务关系的条款应当进行认真审查,并根据实际情况进行适当修改。各部门应当各司其职,保证合同内容和条款的完整准确。

第四,通过统一归口管理和授权审批制度,严格合同管理,防止通过化整为零等方式故意规避招标的做法和越权行为。

第五,由签约对方起草的合同,企业应当认真审查,确保合同内容准确反映企业诉求和谈判达成的一致意见,特别留意"其他约定事项"等需要补充填写的栏目,如不存在其他约定事项时注明"此处空白"或"无其他约定",防止合同后续被篡改。

第六,合同文本须报经国家有关主管部门审查或备案的,应当履行相应程序。

四、合同审核和签署控制

第一,审核人员应当对合同文本的合法性、经济性、可行性和严密性进行重点审核,关注合同的主体、内容和形式是否合法,合同内容是否符合企业的经济利益,对方当事人是否具有履约能力,合同权利和义务、违约责任和争议解决条款是否明确等。

第二,建立会审制度,对影响重大或法律关系复杂的合同文本,组织财会部门、内部审计部、法律部、业务关联的相关部门进行审核,内部相关部门应当认真履行职责。

第三,慎重对待审核意见,认真分析研究,对审核意见准确无误地加以记录,必要时对合同条款作出修改并再次提交审核。

第四,按照规定的权限和程序与对方当事人签署合同。对外正式订立的合同应当由企业法定代表人或由其授权的代理人签名或加盖有关印章。授权签署合同的,应当签署授权委托书。

第五,严格合同专用章保管制度,合同经编号、审批及企业法定代表人或由其授权的代理人签署后,方可加盖合同专用章。用印后保管人应当立即收回,并按要求妥善保管,以防止他人滥用。保管人应当记录合同专用章使用情况以备查,如果发生合同专用章遗失或被盗现象,应当立即报告公司负责人并采取妥善措施,如向公安机关报案、登报声明作废等,以最大限度消除可能带来的负面影响。

第六,采取恰当措施,防止已签署的合同被篡改,如在合同各页码之间加盖骑缝章、使用防伪印记、使用不可编辑的电子文档格式等。

第七,按照国家有关法律、行政法规规定,需办理批准、登记等手续之后方可生效的合同,企业应当及时按规定办理相关手续。

五、合同履行控制

第一,强化对合同履行情况及效果的检查、分析和验收,全面适当执行本企业义务,敦促对方积极执行合同,确保合同全面有效履行。

第二,对合同对方的合同履行情况实施有效监控,一旦发现有违约可能或违约行为,应当及时提示风险,并立即采取相应措施将合同损失降到最低。

第三,根据需要及时补充、变更甚至解除合同。一是对于合同没有约定或约定不明确的内容,通过双方协商一致对原有合同进行补充,无法达成补充协议的,按照国家相关法律法规、合同有关条款或者交易习惯确定;二是对于显失公平、条款有误或存在欺诈行为的合同,以及因政策调整、市场变化等客观因素已经或可能导致企业利益受损的合同,按规定程序及时报告,并经双方协商一致,按照规定权限和程序办理合同变更或解除事宜;三是对方当事人提出中止、转让、解除合同的,造成企业经济损失的,应向对方当事人书面提出索赔。

第四,加强合同纠纷管理,在履行合同过程中发生纠纷的,应当依据国家相关法律法规,在规定时效内与对方当事人协商并按规定权限和程序及时报告。合同纠纷经协商一致的,双方应当签订书面协议;合同纠纷经协商无法解决的,根据合同约定选择仲裁或诉讼方式解决。企业内部授权处理合同纠纷,应当签署授权委托书。

纠纷处理过程中,未经授权批准,相关经办人员不得向对方当事人作出实质性答复或承诺。

六、结算和登记控制

第一,财会部门应当在审核合同条款后办理结算业务,按照合同规定付款,及时催收到期欠款。

第二,未按合同条款履约或应签订书面合同而未签订的,财会部门有权拒绝付款,并及时向企业有关负责人报告。

第三,合同管理部门应当加强合同登记管理,充分利用信息化手段,定期对合同进行统计、分类和归档,详细登记合同的订立、履行和变更、终结等情况,合同终结应及时办理销号和归档手续,以实行合同的全过程封闭管理。

第四,建立合同文本统一分类和连续编号制度,以防止或及早发现合同文本的遗失。

第五,加强合同信息安全保密工作,未经批准,任何人不得以任何形式泄露合同订立与履行过程中涉及的国家或商业秘密。

第六,规范合同管理人员职责,明确合同流转、借阅和归还的职责权限和审批程序等有关要求。

第九节 信息系统控制

一、建立内部报告指标体系

主要管控措施:①应认真研究企业的发展战略、风险控制要求和业绩考核标准,根据各管理层级对信息的需求和详略程度,建立一套级次分明的内部报告指标体系。企业明确的战略目标和具体的战略规划为内部报告控制目标的确定提供了依据。②企业内部报告指标确定后,应进行细化,层层分解,使企业中各责任中心及其各相关职能部门都有自己明确的目标,以利于控制风险并进行业绩考核。由此可见,企业的战略目标、战略规划、内部报告的控制目标、各责任中心以及各职能部门的控制目标,是一个通过内部信息传递相互联系、不断细化的体系。③内部报告需要依据全面预算的标准进行信息反馈,将预算控制的过程和结果向企业内部管理层报告,以有效控制预算执行情况、明确相关责任、科学考核业绩,并根据新的环境和业务,调整决策部署,更好地规划和控制企业的资产和收益,实现资源的最有效配置和管理的协同效应。

二、收集内外部信息

主要管控措施:①根据特定服务对象的需求,选择信息收集过程中重点关注的信息类型和内容。为特定对象、特定目标服务的信息,具有更高的适用性,对于使用者具有更现实、更重要的意义。因此,需要根据信息需求者要求按照一定的标准对信息进行分类汇总。②对信息进行审核和鉴别,对已经筛选的资料做进一步的检查,确定其真实性和合理性。企业应当检查信息在事实与时间上有无差错,是否合乎逻辑,其来源单位、资料份数、指标等是否完整。③企业应当在收集信息的过程中考虑获取信息的便利性及其获取成本的高低,如果需要较大代价获取信息,则应当权衡其成本与信息的使用价值,确保所获取的信息符合成本效益原则。

三、编制及审核内部报告

主要管控措施：①企业内部报告的编制单位应紧紧围绕内部报告使用者的信息需求，以内部报告指标体系为基础，编制内容全面、简洁明了、通俗易懂的内部报告，便于企业各管理层级和全体员工掌握相关信息，正确履行职责。②企业应合理设计内部报告编制程序，提高编制效率，保证内部报告能在第一时间提供给相关管理部门。对于重大突发事件应尽可能快地编制出内部报告，向董事会报告。③企业应当建立内部报告审核制度，设定审核权限，确保内部报告信息的质量。企业必须对岗位与职责分工进行控制，内部报告的起草与审核岗位分离，内部报告在传递前必须经签发部门负责人审核。对于重要信息，企业应当委派专门人员对其传递过程进行复核，确保信息正确地传递给使用者[1]。

四、构建内部报告流转体系及渠道

主要管控措施：①企业应当制定内部报告传递制度。企业可根据信息的重要性、内容等特征，确定不同的流转环节。②企业应严格按设定的传递流程进行流转。企业各管理层对内部报告的流转应做好记录，对于未按照流转制度进行操作的事件，应当调查原因，并作相应处理。③企业应及时更新信息系统，确保内部报告有效安全地传递。企业应在实际工作中尝试精准信息系统的处理程序，使信息在企业内部更快地传递。对于重要紧急的信息，可以越级向董事会、监事会或经理层直接报告，便于相关负责人迅速作出决策。

---

[1]罗胜强.企业内部控制精细化设计与实务案例[M].上海：立信会计出版社，2018.

五、内部报告有效使用及保密要求

主要管控措施：①企业在预算控制、生产经营管理决策和业绩考核时充分使用内部报告提供的信息。企业应当将预算控制和内部报告接轨，通过内部报告及时反映全面预算的执行情况；要求企业尽可能利用内部报告的信息对生产、购售、投资、筹资等业务进行因素分析、对比分析和趋势分析等，发现存在的问题，及时查明原因并加以改进；将绩效考评和责任追究制度与内部报告联系起来，依据及时、准确、按规范流程提供的信息进行透明、客观的定期业绩考核，并对相关责任人进行追究、惩罚。②企业管理层应通过内部报告提供的信息对企业生产经营管理中存在的风险进行评估，准确识别和系统分析企业生产经营活动中的内外部风险，涉及突出问题和重大风险的，应当启动应急预案。③企业应从内部信息传递的时间、空间、节点、流程等方面建立控制，通过职责分离、授权接触、监督和检查等手段防止商业秘密泄露。

六、内部报告的保管

主要管控措施：①企业应当建立内部报告保管制度，各部门应当指定专人按类别保管相应的内部报告。②为了便于内部报告的查阅、对比分析，改善内部报告的格式，提高内部报告的有用性，企业应按类别保管内部报告，对影响较大的、金额较高的一般要严格保管，如企业重大重组方案、企业债券发行解读方案等。③企业对不同类别的报告应按其影响程度规定其保管年限，只有超过保管年限的内部报告方可予以销毁。对影响重大的内部报告，应当永久保管，如公司章程及相应的修改、公司股东登记表等。有条件的企业应当建立电子内部报告保管库,分性质,按照类别、时间、保管年限、影响程序及保密要求等分门别类地储存电子内部报告。④企业应当制定严格的内部报告保密制度,明确保密内容、保密措施、密级程度和传递范围,防止泄露商业秘密。有关公司商业秘密的重要文件要由企业较高级别的管理人员负责,至少由两人共同管理,放置在专用保险箱内。查阅保密文件时,必须经高层管理人员同意,由两人分别开启相应的锁具方可打开。

七、内部报告评估

主要管控措施:①企业应建立并完善企业对内部报告的评估制度,严格按照评估制度对内部报告进行合理评估,考核内部报告在企业生产经营活动中所起的真实作用。②为保证信息传递的及时准确,企业必须执行奖惩机制。对经常不能及时或准确传递信息的相关人员应当进行批评和教育,并与绩效考核体系挂钩。

八、反舞弊

主要控制措施:①企业应当重视和加强反舞弊机制建设,对员工进行道德准则培训,通过设立员工信箱、投诉热线等方式,鼓励员工及企业利益相关方举报和投诉企业内部的违法违规、舞弊和其他有损企业形象的行为。②企业应通过审计委员会对信访、内部审计、监察、接受举报过程中收集的信息进行复查,监督管理层对财务报告施加不当影响的行为、管理层进行的重大不寻常交易,以及企业各管理层级的批准、授权、认证等,防止企业资产侵占、资金挪用、虚假财务报告、滥用职权等现象的发生。③企业应当建立反舞弊情况通报制度。企业应定期召开反舞弊情况通报会,由审计部门通报反舞弊工作情况,分析反舞弊形势,评价现有的反舞弊控制措施和程序。④企业应当建立举报人保护制度,设立举报责任主体、举报程序,明确举报投诉处理程序,并做好投诉记录的保存。切实落实举报人保护制度是举报投诉制度有效运行的关键。结合企业的实际情况,企业应明确举报人应向谁举报,以何种方式进行举报,举报内容的界定等;确定举报责任主体接到投诉报告后进行调查的程序、办理时限、办结要求及将调查结论提交董事会处理的程序等。

第七章 大数据时代的企业财务风险管理与内部控制研究

第一节 大数据时代的企业投资风险管理

一、投资风险的识别

企业在投资过程中,要对风险因素进行甄别,确定各种可能存在的系统性风险和非系统性风险,密切关注投资各个阶段更替过程中的风险变换,提高对风险客观性和预见性的认识,掌握风险管理的主动权。企业投资风险的产生一般有三种原因:一是产业结构风险、投资决策风险、投资执行风险、投资后经营过程中的风险等所表现出来的投资过程的非科学性;二是金融投资组合的非分散化引起的风险与报酬的不匹配;三是金融投资与实业资本投资的相互影响以及企业对投资项目的理解和把握不到位等。其中,投资过程的非科学性最常导致企业的投资活动出现风险。因此,企业应着重注意在产业结构、投资决策、投资执行、投资后经营过程中保持理性,采用科学的防范措施积极进行风险管理,这样才能将企业的投资风险降至最低。

二、投资风险的评估

对已经识别出来的风险要进行严格的测度,估计风险发生的可能性和可能造成的损失,并做出系统风险评估,切实把握投资的风险程度。

(一)分析评价投资环境

投资主体的投资活动都是在政治、经济、政策、地理、技术等投资环境中进行的。变化莫测的投资环境,既可以给投资主体带来一定的投资机会,也可以给投资主体造成一定的投资威胁。而投资机会和投资威胁作为一对矛盾,往往同时出现又同时消失,而且在一定条件下,威胁可能变成机会、机会也可能变成威胁。因此,投资主体在投资活动中必须对投资环境进行认真调查与分析,及时发现和捕捉各种有利的投资机会,尽可能地防范投资风险。

(二)科学预测投资风险

投资作为一项长期的经济行为,要求投资主体在投资之前应该对可能出现的投资风险进行科学预测,分析可能出现的投资风险产生的原因及其后果,并针对可能出现的投资风险及引起风险的原因制定各种防范措施,尽可能地避免投资风险,减少损失,防患于未然。

(三)进行可行性分析,使投资决策科学化

投资决策是制订投资计划和实施投资活动、实现投资正常运行的基础和关键,必须使投资决策科学化。投资决策科学化的关键环节是利用先进的分析手段和科学的预测方法,从技术上和经济上对投资项目进行可行性研究和论证,通过对各种投资机会和方案进行论证,以求获得最佳收益的投资方案,并防范投资风险。

（四）分析投资收益和风险的关系

在市场经济条件下,投资主体的任何投资都免不了会遭受一定的风险。从收益与风险的关系看,投资主体欲获得的投资收益越多,所承担的风险也就越大;而风险越大,获得收益的难度也越大。因此,投资主体在投资中,要认真研究收益与风险的关系,正确衡量自己承担风险的能力,在适当的风险水平上谨慎、稳健地选择投资对象,力求尽可能避免或降低投资风险[①]。

（五）分析评价投资机会的选择

投资主体在对投资环境进行调查和分析的过程中,往往会发现许多投资机会,但各种投资机会的实现都要以一定数量的资金为保证。因此,投资主体在投资过程中,既要考虑投资机会,也要考虑自己的资金实力,量力而行。

（六）分析评价投资风险的结果

投资风险经过分析评价之后,会出现两种情况:一种情况是投资的风险超出了可接受的水平;另一种情况是投资整体风险在可以接受的范围之内。

在第一种情况下,投资主体有两个选择:当项目整体风险大大超过评价基准时,应该立即停止、取消该项目;当项目整体风险超过评价基准不是很多的时候,应该采取挽救措施。在第二种情况下,没有必要更改原有的项目计划,只需要对已经识别出来的风险进行监控,并通过深入调查来寻找没有识别出来的风险即可。对于已经存在的风险要进行严格检查,

---

[①]李艳华. 大数据信息时代企业财务风险管理与内部控制研究[M]. 长春:吉林人民出版社,2019.

必要时应采取相应的规避措施,防范风险。

三、投资风险的控制

(一)构建投资风险预警系统

企业投资风险预警是指以收集到的企业相关信息为基础,对企业可能因此出现的风险因素进行分析,采用定性和定量相结合的方法来发现企业投资过程中可能出现的潜在风险,并发出警示信号,以达到对企业投资活动风险预控的目的。

企业投资风险预警系统可以反映企业投资运营的状况,它具有监测、信息收集和控制危机几大方面的功能。

企业投资风险预警主要是由警源分析和警兆辨识两部分组成。一个企业要想取得投资的成功,必须将一些关键因素控制在一定的范围内。原因在于如果这些因素发生异常波动,很可能会导致企业投资总体上的失败。

根据企业的不同,导致风险形成的关键因素也有所不同。企业应结合预警对象的特征及变化规律进行监测,以准确界定企业投资风险的警源所在。

不同企业所侧重的关键因素差别很大。企业在实际操作过程中,应参照警源分类,并结合预警对象的特征与变化规律来监测预警对象,只有这样才能准确找出企业警源所在。对任何一个企业而言,在投资风险发生前都会有先兆,如某些指标会提前出现异常波动。企业建立投资预警系统的目的就是要根据一定的先兆,及时、准确地捕捉这些异常。

防范企业投资风险最有效的方法就是构建投资风险预警系统。企业构建投资风险预警系统主要包括两方面的内容,即定性分析和警兆的定量分析。企业投资风险预警指标的确定应遵循六大原则：可行性、时效性、稳定性、灵敏性、重要性和超前性。结合企业实际情况，可以把企业投资风险预警指标体系划分为项目未来的发展能力、项目的安全性、项目的盈利能力、项目的运营效率和项目的投资结构五大部分。企业投资风险预警值的确定方法主要有比照经验法和行业平均法两种。比照经验法主要是依据以往的经验来确定预警值，企业也可以根据自身实际情况对投资项目的预警值进行调整；行业平均法则是以企业投资项目参照其所属行业的平均值，运用参数估计与假设检验等方法计算出预警值的置信区间。

(二)分阶段进行投资风险管理

企业投资过程包括确定投资准备、投资实施和生产经营三个阶段。不同阶段的投资活动各有特点，各阶段风险管理的内容也有所区别。

在投资准备阶段，还没有进行实质性投资，主要是投资项目可行性研究。该阶段风险管理的内容是保证投资决策的信息充分、计算方法科学、财务收益测算可靠，对未来可能的风险进行正确的估计，并策划相应地减少、回避和转移风险的措施，制订紧急情况下的应变计划。

在投资实施阶段，主要是通过投资费用的支付进行投资建设，完成投资规划所规定的全部建设内容，并交付生产使用。该阶段风险管理的内容是预防建设损失，控制投资总额，保证工程质量；合理确定机器设备和建设材料的采购计划，节约使用材料消耗；实行严密的质量检验和验收制度，建立完整的原始记录等。

在投资后生产经营阶段,投资活动已经结束,进入了正常的生产经营阶段。该阶段风险管理的内容主要是确保投资收益的实现,保持企业现有资产和持续获利的能力,实施风险保险,对可能发生的经营风险和财务风险等采取必要的防范措施加以控制。

(三)采用多种投资风险管理方法

投资风险管理的方法很多,比较常用的方法主要有以下几种。

1.盈亏平衡分析法

它研究盈亏平衡时各有关经济变量之间的关系,就销售量变化对投资收益的影响进行分析,以确定项目不亏损所需要的最低销售量。通过盈亏平衡分析,企业可以了解市场需求对企业盈利状况的影响。如果预计市场需求量大于盈亏平衡点,说明企业投资比较安全;如果预计需求量接近盈亏平衡点,那么企业在投资决策时必须慎重,以防止预计失误给企业带来的不利后果。

2.组织结构图分析法

它适合企业的风险识别,特点是能够反映企业关键任务对企业投资项目的影响。组织结构图主要包括以下内容:企业活动的性质和规模;企业内各部门之间的内在联系和相互依赖程度;企业内部可以分成的独立核算单位,这是对风险做出财务处理决策时所必须考虑的;企业关键人物;企业存在的可能使风险状况恶化的任何弱点。

3.流程图分析法

流程图能生动、连续地反映一项经济活动的过程,其作用在于找出经济活动的重要部分,即该部分的损失可能导致整个经济活动失败的瓶颈。但流程图分析的局限是只能揭示风险是否存在,不能给出损失的概率和损失的大小。

4.核对表法

企业在生产经营过程中往往受到很多因素的影响,在做投资和管理决策时,可将企业经历的风险及其形成的因素罗列出来,形成核对表。管理人员在进行决策时,看了核对表就会注意到所要进行的投资项目以及可能具有的风险,从而采取相应的措施。核对表可以包括很多内容,例如,以前项目成功和失败的原因、项目产品和服务说明书、项目的资金筹集状况、项目进行时的宏观和微观环境等。

5.经验、调查和判断法

企业可以通过主观调查和判断来了解企业可能面临的风险。例如,通过市场调查,收集信息,包括国家的产业政策、企业投资地区的经济状况、人口增长率等。通过德尔菲法反复征求专家的意见,以取得对风险识别的共识。通过专家会议法,要求风险专家召开会议,对企业投资的各种风险进行识别,这种方法适用于衡量投资市场中潜在损失可能发生的程度。

6.决策树分析

它是一种用图表方式反映投资项目现金流量序列的方法,特别适用于在项目周期内进行多次决策(如追加投资或放弃投资)的情况。

7.敏感性分析法

它是研究在投资项目的生命周期内,当影响投资的因素(如投资期限、市场利率、宏观经济环境等)发生变化时,投资的现金净流量、内部收益率是如何变化的,以及各个因素对投资的现金净流量、内部收益率等有什么影响,从而使管理人员了解对企业投资影响比较大的因素,识别并控制风险隐患,降低企业的风险。

8.动态风险监视方法

风险监视技术分为用于监视与产品有关风险的方法和用于监视过程风险的方法。审核检查法和费用偏差分析法属于过程风险监视方法。

第二节 大数据时代的企业筹资风险管理

一、筹资风险程度识别

筹资风险程度识别是对企业筹资风险状况的总体反映,主要通过对企业面临的某种风险因素发生的可能性及其影响程度的综合考虑,来判断该风险的总体情况。企业内部及外部市场环境影响下的风险是随时间而变化的,所以筹资风险是动态变化的。这种动态表现在内在和外在两个方面。内在动态是指债务或者权益本身的纵向时间推移;外在动态是指债务流程环节的推移。不同的流程环节下,某项债务随时间的推移表现的风险强度不一样。例如,当完成筹资需求,承担相应债务成本之后,筹资环节的信用风险就几近固化。因此要特别注意的是,筹资风险程度识别估计结果应根据实际情况的演变不断进行调整。风险按照其结果发生的可能性,可分为基本确定、很可能、可能、极小可能这四种等级。各种筹资风险因素导致的风险损失的严重程度可以大致分为五种级别:轻微、较小、中等、较大、极大。根据风险因素发生的可能性及其影响程度来确定风险程度,风险可表示为低、中等、显著、高四种程度。通过识别,可以判断筹资风险程度上的高低,以便进一步评价和应对。

二、筹资风险的管理

(一)风险防控技术

1.选择最佳资本结构

选择最佳资本结构是企业筹资管理的主要任务之一。最佳资本结构是指在企业可接受的筹资风险之内,使得加权平均资金成本最低、企业价值最大的资本结构。资金成本的高低是企业筹集资金决策的核心。是决策方案选择时的重要指标。企业财务人员必须分析比较各种来源的资金成本,并结合风险因素将其合理配置,确定一种最优筹资方案。权益资金和债务资金,二者相辅相成。一个企业如果只有权益资金而没有债务资金,虽然筹资风险相对较小,但筹资成本相对较高,也不能利用财务杠杆所带来的收益,自然也就不能实现收益的最大化;没有权益资金的存在,企业也就失去了借到债务资金的可能;但是如果债务资金过多,虽然企业的筹资成本可以降低,收益也可以提高,筹资风险却加大了。因此,确定资本结构时,应在权益资金和债务资金之间进行权衡,只有恰当的筹资风险与筹资成本相配合,才能使企业价值最大化。确定合理的资本结构要考虑多方面的因素,如资金成本、资金期限、偿还方式、限制条件和财务风险等。其中要解决的一个主要问题就是债务筹资的规模和结构,它对企业总体资金成本和企业的财务风险都有着重要的影响。

确定最佳资本结构的方法有每股收益无差别点法、比较资金成本法和公司价值分析法。每股收益无差别点法是根据计算每股收益无差别点,分析判断在什么样的销售水平下适合采用哪种资本结构。比较资金成本法是计算不同资本结构的加权平均资金成本,并以此为标准相互比较,综合资本成本最低的资本结构为最佳。公司价值分析法是在充分反映公司财务风险的前提下,通过测算公司价值来确定最佳资本结构。

2.选择适当的筹资方式

企业在经济发展的不同时期应选择不同方式筹集资金。一般来讲,对于规模较大、实力较强的企业,可选择债务筹资方式,这样既可实现补充资金,又不至于对企业控制权有大的影响。新建企业或者规模较小的企业,若想补充自有资金的不足,迅速筹集资金,扩大生产经营规模,选择发行股票方式较为理想。针对不同行业,也应考虑选择不同的筹资方式。

第一,制造业企业的资金需求是比较多样和复杂的,资金周转相对较慢,经营活动和资金使用涉及的面也相对较宽,因此风险相应较大,筹资难度也要大一些,可选择的筹资方式主要有银行贷款、融资租赁等。在筹资期限上,可考虑流动性资产采用短期负债,固定性资产采用长期负债。

第二,商业企业的资金需求主要是库存商品所需的流动资金贷款和促销活动上的经营性开支借款。其特点是频率高、贷款周期短、贷款随机性大。因此,银行贷款是其最佳选择,以短期筹资方式为主。

第三,高科技型和服务型企业的主要特点是成本低、高风险、高收益。此类企业除可通过一般企业采用的筹资渠道融资外,还可采用吸收风险投资公司投资、科技型企业投资基金等进行创业。

3.合理安排筹资期限组合方式

长、短期筹资各有其优势和劣势。短期借款成本低、弹性大、风险大;而长期借款成本高、弹性小,风险相对较小。因此,企业在安排两种筹资方式的比例时,必须在风险与收益之间进行权衡。一般而言,企业对筹资期限结构的安排主要有三种方式:中庸筹资法、保守筹资法和风险筹资法[1]。

(1)中庸筹资法

这是大部分企业经常采用的筹资方法,是指企业根据资产的变现日期,安排相应的筹资期限结构,使资产的偿付日期与资产的变现日期相匹配。采用这种方法的企业,对风险持有既不回避也不主动追求的中立态度。企业在采用这种方法时,流动资产的短期性变动部分中的季节性变动部分用短期负债筹措资金,长期性流动资产部分及固定资产则可采用长期负债、股东权益和长期性流动负债等长期性资金的方式。在采用中庸筹资法的当年,除安排长期借款外,在淡季无须进

---

①王小沐,高玲. 大数据时代我国企业的财务管理发展与变革[M]. 长春:东北师范大学出版社,2017.

行短期借款,短期借款将用多余的现金偿还;当企业经营进入旺季需要资金时,可以进行短期借款,这样企业只有在需要资金时才去筹资。这种方式可使企业降低其无法偿还即将到期负债的风险。

(2)保守筹资法

采用保守筹资法,企业不但以长期资金来满足永久性流动资产和固定资产,而且还以长期资金来满足由于季节性或循环性波动而产生的部分或全部暂时性资产的资金需求,也就是以长期资金来满足几乎所有的资金需求。采用这种方法的企业,对风险持有尽量回避的态度。这样企业在淡季时,由于对资金的需求下降,可以将闲置的资金进行短期投资,比如投资到短期有价证券上。通过这种方式,企业不但可以获得一定的短期收益,还可以将其部分变现,储存起来以备资金需求增加的旺季时使用。但到了旺季时,企业除可出售所持有的有价证券外,还需要使用少量的短期信用才能筹措到足够的资金,以满足其临时性的资金需求。

(3)风险筹资法

采用风险筹资法的企业的长期资金来源不能满足长期资产的需求,要靠短期资金来源来弥补。用短期借款筹措所需长期资金的数量越大,筹资的风险性也就越大,但同时短期资金成本较低,在利率不变的情况下,企业支付的利息费用越少,得到的利润就越大。因此,这是一种更积极但风险也更大的融资政策。企业不仅要承担更高的贷款不能展期与筹资困难的风险,而且还要面临利率上涨而可能导致支出更多利息的风险。

这三种筹资方式的运用应根据各企业的不同情况来采纳，没有绝对的优劣之分。企业要结合自身具体情况和经济形势的要求，灵活运用不同期限的筹资方式。

4.提高资金的使用效率

（1）保持合理的现金持有量，确保企业的正常支付和意外需要

现金是流动性最强的资产。现金持有量过少，不能保证企业的正常支出；现金持有量越多，企业支付能力就越强，但同时也失去了这部分现金的投资机会，造成资金的机会成本过大。因此，企业必须预测企业经营过程中的现金需求和支付情况，以确定合理的现金储备量。

（2）加强应收账款管理，加快货币资金回笼

应收账款是被债务人无偿占用的企业资产。如果不能及时收回应收账款，不仅影响企业的资金周转和使用效率，还可能造成坏账损失。因此，企业应通过建立稳定的信用政策、设定客户的资信等级、维持合理的应收账款比例、制定有效的收账政策等措施，加强对应收账款的管理，减少应收账款的资金占用风险。

（3）加强存货管理，提高存货周转率

存货是企业流动资产中变现能力较弱的资产。如果存货在流动资产中比重过大，一方面会使速动比率过低，影响企业的短期变现能力；另一方面增加了存货的机会成本和储存管理费用，影响企业的获利能力。因此，要通过完善企业的内部控制和生产经营流程，计算经济订货批量，使企业存货保持在一个合理的水平上。

5.加强对筹资风险的阶段性控制

（1）事前控制

企业应做好财务的预测、计划与预算工作。在对外部资金的选择上，应从具体的投资项目出发，运用销售增长百分比法确定外部筹资需求。可以借鉴以往的经验，结合对财务报表的分析，确定外部资金需求规模，使各项数据直观、准确。企业应根据短期的生产经营活动和中长期的企业发展规划，提前做好财务预算工作，安排企业的融资计划，估计需要筹集的资金量。在编制具体财务预算过程中，企业可以依据行业特点和宏观经济运行情况，保持适当的负债比率。根据生产经营的需求，合理安排筹集资金的时间和数量，使筹资时间、资金的投放运用紧密衔接，及时调度，降低空闲资金占用额，提高资金收益率，避免由于资金未落实或无法偿还到期债务而引发的筹资风险。

确定资本结构，合理安排权益资本金与借入资金的比例，选择适当的筹资组合以降低资金成本。企业在经营过程中，要根据所处的行业特点和企业自身情况，确定最佳的资产负债结构。主要通过动态地监控流动比率、速动比率、资产负债率等反映企业偿债能力的财务指标，保持适当的短期变现能力和长期偿债能力，提高企业抵抗筹资风险的能力及企业的市场竞争力。

（2）事中控制

事中控制应重点强调资金的使用效率，增强企业使用资金的责任感，从根本上降低筹资风险，提高收益。很多企业长期以来缺乏资金使用效率的意识，缺少资金靠借贷，资金投入时较少考虑投资风险、投资回报以及投资回收期的长短,以致企业资金越借越多,自身"造血"功能越来越差。因此,企业应加强资金使用意识,把资金管理作为重点,加强对流动资金的动态管理,确保投资效益,优化资本结构,减少企业收不抵支的可能性和破产风险。另外,在还款期限和还款额度方面,应尽可能地将还款期限推迟到最后,同时保持企业良好的信誉。这样虽然没有现实的现金流入,但获得了货币时间价值,节省了一定的使用成本。保持适当的还款额度可以减少企业资金使用风险,使企业不至于因还款额度过大而承担较大的财务风险。

(3)事后控制

事后控制主要是对本次筹资过程进行财务分析。企业筹资是为了投资,而投资又是为了获得利润。资金从筹集到使用的整体过程结束后,企业必须要对本次项目运作的全过程进行全面系统的分析,主要分析企业各种资金的使用效率和各项财务比率,重点应放在对财务报表的分析上,总结经验教训以指导今后的筹资工作。

(二)风险管理制度

1.建立筹资风险管理制度

企业应从自身的实际情况出发,建立筹资风险管理责任制度,将筹资风险防控纳入企业财务管理活动中。在认为必要、可行之时,企业可在财务部门下专设筹资风险管理小组,以控制筹资成本和降低筹资风险为目标。其主要职责是分析本企业现有资本结构,分析筹资风险的来源,拟定风险管理策略,与债权人及权益资本所有者进行接洽,建立切实可行的筹资风险管理体系。

2.强化经营管理人员的风险意识

在社会主义市场经济体制下,企业成为自主经营、自负盈亏、自我约束、自我发展的独立的商品生产者和经营者,必须独立承担风险。企业在从事生产经营活动时,内、外部环境的变化导致实际结果与预期效果相偏离的情况是难以避免的。加强经营者和财务管理人员对风险的职业判断能力,培养他们的风险意识和对风险的灵敏嗅觉,及时发现和估计潜在的风险,对于企业防范风险来说具有重要的意义。企业的经营管理人员必须首先树立风险意识,正确认识风险,科学估测风险,预防潜在风险,有效应付风险,必须立足于市场,在充分考虑影响筹资风险因素的基础上,制订适合企业实际情况的风险规避方案。例如,企业的领导人员应避免决策失误造成支付危机;在企业面临筹资风险时,应积极采取措施,利用延期付款、降低利率、债务重组、动员债权人将企业部分债务转作投资等形式,适时与债权人进行协商,给企业持续经营创造条件,避免因债权人采取不当措施而影响企业的生产经营。企业的经营管理人员必须将防范筹资风险贯穿于财务管理工作的始终,统筹协调生产经营各个环节,建立财务预警机制,用系统的、动态的方法随时监控企业的筹资风险,力争做到高收益、低风险。

3.建立健全风险预警机制

企业必须立足市场,建立一套完善的风险预警机制和财务信息网络,及时地对筹资风险进行预测和防范,制订适合企业实际情况的风险规避方案,通过合理的筹资结构来分散风险。

例如,通过控制经营风险来减少筹资风险,充分利用财务杠杆原理来控制投资风险,使企业按市场需要组织生产经营,及时调整产品结构,不断提高企业的盈利水平,避免决策失误造成财务危机,把风险减少到最低限度。风险预警系统是指为防止企业财务系统运行偏离预期目标而建立的报警系统。它是企业对可能发生的风险和危机进行事先预测和防范的一种战略管理手段。企业风险预警系统作为一种行之有效的财务风险控制工具,其灵敏度越高,就能越早地发现问题并告知企业经营者,从而越能有效地防范与解决问题,规避风险。具体来讲,可对涉及筹资活动的重要指标进行分析,并利用这些变量进行筹资风险分类和识别,并在此基础上构建筹资风险预警模型以预防和控制财务风险。在这个过程中,应注意加强信息管理、健全筹资风险分析与处理机制、建立筹资风险预警的计算机辅助管理系统等方面的工作,充分发挥该系统在风险识别与管理控制上的重要作用。

4.努力实现科学的筹资决策

通过建立切实可行的筹资决策机制,可以提高筹资决策的科学化水平,降低决策风险。一方面,要规范筹资方式和程序,做好筹资决策可行性研究,尽量采用定量计算及分析方法,并运用科学的决策模型进行决策,防止因筹资决策失误而产生的财务风险;另一方面,在筹资决策中不仅要考虑筹资机会和风险、企业发展目标和阶段、现有资本结构及经营管理状况,还必须考虑财务匹配因素,即在企业经营或投资项目所需资金量相匹配的前提下安排筹资,防止过度筹资或筹资不足,从而保证公司资金的良性循环,使公司业务成长得到稳健财务的支持,正常开展生产经营活动。

5.加强经营管理者的水平

完善资金管理体制,提高企业财务管理和财务控制水平,加强企业资金管理;按照市场需要组织生产,及时调整产品结构,完善企业生产经营流程,使存货保持在一个合理的水平上,不断提高存货周转速度:深入调查了解客户的资信等级,建立稳定的信用政策,确定合理的应收账款比例,严格企业收款责任制,积极催收货款,加速应收账款的周转,减少和控制坏账损失的发生;采用商业信用的形式,合理利用客户的资金,努力降低筹资成本:掌握财务分析方法,结合企业各方面的实际情况认真研究资金使用计划,利用财务分析方法对企业的财务状况、经营成果、现金流量进行综合分析与评价,不断提高企业的经营管理水平。

第三节 大数据时代的企业成本风险管理

一、成本风险的识别

关于生产成本风险,国内外大多数企业内部控制手册将其分为以下类型。

(一)经营风险

具体包括:成本预算不合理、审核不严,影响成本控制效果;生产损失、消耗加大,增加成本支出;由于人为舞弊、统计资料不真实,导致成本核算信息错误:盲目降低生产成本,导致产品质量下降或产品结构恶化。

（二）财务风险

不能合理归集、分配、摊销成本费用，未按要求结转成本，致使财务报表不能真实反映生产成本。

（三）合规风险

主要是违反国家有关法律、法规以及公司内部规章制度导致处罚。

关于费用风险，国内外大多数企业内部控制手册将其分为以下类型：经营风险。具体包括：费用支出不合理，导致资源浪费、资产流失；费用控制措施不力，影响公司效益。财务风险。具体包括：舞弊或欺诈，报销虚假费用；费用归集，分配和摊提不合理。合规风险。主要是费用支出不符合国家有关法律、法规和公司内部规章制度，造成损失。

二、成本风险的控制

控制成本费用风险，要建立健全成本费用业务控制制度，确保成本费用风险得到有效控制。

（一）岗位分工及授权批准

企业应当建立成本费用业务的岗位责任制，明确内部相关部门和岗位的职责、权限，确保办理成本费用业务的不相容岗位相互分离、制约和监督。

成本费用业务的不相容职务至少包括：成本费用定额、预算的编制与审批；成本费用支出与审批：成本费用支出与相关会计记录。例如，中天恒管理咨询公司为三泰恒业集团设计的岗位分工为：授权批准产品生产计划的人员必须和具体执行计划的人员职务分离；仓库管理人员必须和具体进行财产物资清查的人员的职务分离；仓库保管人员、成本会计记账人员、生产管理人员、材料物资和产品检验人员的职务必须分离等。

（二）成本费用预测、决策与预算控制

企业应当根据本单位历史成本费用数据，同行业、同类型企业的有关成本费用资料，料工费价格变动趋势，人力、物力的资源状况，以及产品销售情况等，运用本量利分析、投入产出分析、变动成本计量等专门方法，对未来企业成本费用水平及其发展趋势进行科学预测。开展成本费用预测，应本着费用最少、收益最大的原则，明确合理的期限，充分考虑成本费用预测的不确定因素，确定成本费用定额标准。成本费用预测应当服从企业整体战略目标，考虑各种成本降低方案，从中选择最优成本费用方案。

（三）成本费用执行控制

企业应当根据成本费用预算、定额和支出标准，分解成本费用指标，落实成本费用责任主体，保证成本费用预算的有效实施。企业应当建立成本费用支出审批制度，根据费用预算和支出标准的性质，按照授权批准制度所规定的权限，对费用支出申请进行审批。企业应指定专人分解目标，记录若有差异，及时反馈有关信息。企业应当规范成本费用开支项目、标准和支付程序，从严控制费用支出。对已列入预算但超过开支标准的成本费用项目，应由相关部门提出申请，报上级授权部门审批。企业内部相互提供劳务和转移产品零部件等，其成本费用确认方法，应当本着有利于转出、转入双方和企业整体利益的原则，制定相应的控制制度。

(四)成本费用核算

第一,企业应当建立成本费用核算制度,制定必要的消耗定额,建立健全材料物资的计量、验收、领发、盘存以及在产品的移动管理制度,制定内部结算价格和结算办法,明确与成本费用核算有关的原始记录及凭证的传递流程和管理制度等。

第二,成本费用的归集、分配应当遵循相关要求。其具体包括:成本的确认和计量应当符合《企业会计准则》以及国家统一的会计制度的规定;成本费用核算应与客观经济事项相一致,不得人为降低或提高成本:成本费用核算应当为企业未来决策提供有用信息:成本费用应当分期核算;一定期间的成本费用与相应的收入应当配比;成本费用应当以实际发生的金额计价;成本费用核算方法应当前后一致:成本费用的归集、分配、核算应当考虑重要性原则①。

第三,企业应当根据本单位的生产经营特点和管理要求,选择合理的成本费用核算方法。

第四,企业应当建立合理的成本核算、费用确认制度。成本费用核算应符合《企业会计准则》以及国家统一的会计制度的规定,对生产经营中的材料、人工、间接费用等进行合理的归集和分配,不得随意改变成本费用的确认标准及计量方法,不得虚列、多列、不列或少列成本费用。成本计算方法应当在各期保持一致,变更成本计算方法应当经过有效审批。

(五)成本费用分析与考核

企业应当建立成本费用分析制度。企业可以运用对比分

---

①姬朝心,王媛. 大数据时代下的企业财务管理研究[M]. 北京:中国水利水电出版社,2018.

析法、因素分析法、相关分析法等方法开展成本费用分析,检查成本费用计划的完成情况,分析产生差异的原因,寻求降低成本费用的途径和方法。企业应当建立成本费用内部报告制度,实时监控成本费用的支出情况,发现问题应及时上报有关部门。企业应当建立成本费用考核制度,对相应的成本费用责任主体进行考核和奖惩。企业在进行成本费用考核时,可以通过目标成本节约额、目标成本节约率等指标和方法,综合考核责任中心成本费用预算或开支标准的执行情况,保证业绩评价公正、合理。

(六)成本费用风险管理方法

成本费用风险管理的方法主要是常规风险管理方法,其中压力测试和指标分析比较常用。

(七)制定成本费用风险管理制度

1.成本定额和费用预算制度

就生产环节来讲,制定成本定额和费用预算制度尤其重要。因为成本和费用的节约就意味着盈利的增加,所以越来越多的企业开始关注制定成本定额和进行费用预算。

2.财产安全控制制度

它是为了确保企业财产物资的安全、完整所采取的各种方法和措施。就生产环节而言,它是指材料物资应采取永续盘存制与定期不定期的实地盘点相结合的方法,保证材料物资处于账实一致的状态。

3.人员素质控制制度

具体方法是:考核员工的职业技能,合格者方能上岗工作;建立员工的定期培训制度,以不断提高员工的职业道德素质和技术业务素质:建立奖惩制度,鼓励和激励员工的积极性和责任心等。

4.成本费用的分析、考核评价制度

每期期末,都要对该期成本费用进行考核评价,以便及时修正,为制定下一期成本费用预算做准备。

(八)生产成本风险控制的关键环节

包括:编制生产计划,下达生产计划,专业部门J编制成本费用预算,编制公司成本费用预算,分解成本费用预算,原料采购、领用和组织生产,专业部门建立成本费用统计资料,归集、计算成本费用,计算结转产品生产成本,完工产品入库,成本费用分析。

(九)期间费用风险控制关键环节

其具体包括:费用预算分解落实,费用控制,费用核算,费用分析检查,考核奖惩。

(十)生产成本风险控制证据

其具体包括:月、季、年生产计划,成本费用预算,材料、动力消耗定额,采购计划,领料计划,领用材料效果评价报告,计划价格表,材料出库单,动力平衡表,物料平衡表,非计划停工分析报告,操作记录,巡检记录,材料领用计划与出库核对表,存货盘点表,辅助生产工时分配表,产品合格证等。

第四节 大数据时代的企业预算风险管理

一、预算风险的识别

预算风险识别的方法有风险清单分析法和专家调查法。风险清单法也称为安全检查表法,它是分析人员较为全面地列出某类事项面临的一些危险项目以及有关的已知类型的危险、设计缺陷和事故隐患,从而用于逐个识别风险的方法。这种方法运用了系统工程的分析思想,在对系统进行分析的基础上,将所有可能存在的风险因素作为检查表的基本检查项目,并针对基本检查项目查找有关控制标准或规范,依据标准初步判断风险因素的风险程度,依次列出问题清单。专家调查法是通过相关专家的知识、经验与能力,对可能出现的风险及风险因素的影响程度进行定性估计,以最终获得风险因素发生的概率分布及可能的影响结果的方法。对于企业的预算识别阶段而言,主要工作是进行风险的定性估计。

识别财务预算风险,主要应识别以下风险。

(一)识别财务预算编制风险

其具体包括:编制的预算脱离实际;财务预算未经有效审批。

(二)识别财务预算执行风险

其具体包括:未形成全方位的财务预算执行责任体系;未将年度预算细分为月份和季度预算,以分期预算控制确保年度财务预算目标的实现;对于预算内的资金拨付,未按照授权审批程序执行;各预算执行单位未定期报告财务预算的执行情况。

(三)识别财务预算调整风险

其具体包括:财务预算调整不符合调整条件;财务预算调整未经有效审批;财务预算调整事项偏离企业发展战略和年度财务预算目标。

(四)识别全面预算考评风险

其具体包括:财务预算考评未正确评估企业及各单位在预算期的风险水平和经营形势,寻找企业及各单位与同行业的差距及产生的原因,以便采取措施防范风险;财务预算考评结果不公正,影响了员工的积极性。

二、预算风险的控制

财务预算风险管理的具体目标是:规范预算编制、审批、执行、分析与考核;提高预算的科学性和严肃性;促进实现预算目标。加强预算风险控制具有以下重要意义。

(一)风险控制有助于强化预算标准的地位

企业财务预算标准的制定是有据可依的,各项预算标准的重要地位不可忽视。按照科学预算标准实施后续的业务工作是财务风险降低的起点。

(二)风险控制有助于规范预算执行的流程

财务预算的风险控制不仅涉及预算制定环节,更需要执行流程做后盾保障。预算标准确立后,各部门对预算的执行也是改革的重点。

(三)风险控制有助于深化财务运营的监管

企业的财务运营存在很多问题,这些问题的存在必须借助预算执行的监督管理予以治理。

为了更好地实施企业预算的风险控制,监管部门和企业应当发挥各自的优势,从标准、流程、监管等方面改进现有工作。

1.制定企业财务预算的科学标准,合理分配预算资源

预算风险的控制应当依据严格的标准,包括客户资质的审核标准,并且随着行业的发展、企业自身的进步,应动态调整部分指标标准,确保各项预算费用的制定都对行业风险进行了有效的控制,使财务管理工作拥有良好的开端。基于风险敏感因素,合理分配预算资源:一是注重组织(股东、管理、者和员工等利益共同体)成员的全面参与,通过上下级协商提高预算信息横向和纵向的透明度,解决组织中信息流动障碍,以确定有效的预算水平。二是为充分关注预算的组织激励功能,预算目标的确定需要从公司战略、公司治理和内部管理三个方面进行讨论。因此,结合本年度的经营战略、投资重点以及各种可能的环境变化对预算值的影响,滚动确定未来期间的预算目标和与之相适应的风险偏好及风险容忍度,作为风险管理的基准[①]。

2.加强企业财务预算的科学执行

预算制定完毕,执行的流程是改革的关键,原先从各部门角度出发的随意执行必须转变为以责任制为基础的预算执行流程。财务部门的预算要求应当与各部门主管、实际执行人员严格对接。财务人员要建立科学的执行流程,按期核查各岗位责任人对预算的执行情况,根据每期核查的结果支配各部门下一阶段的预算费用:第一,以扁平化组织结构为依托,

---

①王雅姝.大数据背景下的企业管理创新与实践[M].北京:九州出版社,2019.

以信息技术作为有效工具,有效协同横向和纵向价值链的信息,实现全方位的会计实时控制、沟通与监控,形成"计划—行动—衡量—学习"的循环回路,进而实现预算价值危机预警与企业流程再造。第二,在企业风险管理理念的指导下,进行基于企业风险的预算,围绕经济资本相关概念的整合进行财务危机概率的评估,为公司预期财务定位和整体风险描述提供依据,从而有效地进行风险管理。第三,通过业务外包,将不能创造价值的业务单元转交给外包商,组织能获得一笔现金流,从而解放一部分资源用于其他战略投资,以帮助组织重构财务预算,从而改善企业的平衡报表并避免企业对未来投资的不确定性。

3.确保企业财务预算的科学监管,有效实现预算业绩评价

除在企业内部强化财务预算科学化管理以外,监管部门的外部监督力量也是不可或缺的。因为企业从维护自身利益的角度出发,对各项资金的违规使用不可能完全依靠内部监督制约。政府应指定专业的监管部门对企业的资金开展预算执行监管,由企业首先提交预算报告,监管部门对各项预算的执行进行抽查,用每一年度的监管评估结果作为下一年度企业各项支持的依据。基于风险激励报酬方案,有效实现预算业绩评价。正确的激励计划是该方法的核心,通过引入 EVA 价值管理指标,建立包括财务标准、非财务标准的多维度衡量KPI指标的体系,进行预算激励制度和考核管理,使预算管理进一步有效协调企业内部各部门之间的利益冲突,以确保长期预算目标落实到位。

4.岗位分工与授权批准

企业应当建立预算工作岗位责任制,明确相关部门和岗位的职责、权限,确保办理预算工作的不相容岗位相互分离、制约和监督。预算工作不相容职务包括:预算编制(含预算调整)与预算审批;预算审批与预算执行;预算执行与预算考核。企业应当建立预算工作组织领导与运行体制,明确企业最高权力机构、决策机构、预算管理部门及各预算执行单位的职责权限、授权批准程序和工作协调机制。其具体分工为:股东大会或企业章程规定的类似最高权力机构负责审批企业年度预算方案;董事会或企业章程规定的经理、厂长办公室等类似决策机构负责制订企业年度预算方案;企业可以设立预算委员会、预算领导小组等专门机构具体负责本企业预算管理工作;总会计师应当协助企业负责人加强对企业预算管理工作的领导和业务指导;企业内部相关业务部广的主要负责人应当参与企业预算管理工作。

5.构建预算风险管理系统

预算风险管理系统是企业内控管理的核心,通过预算可以更好地进行资源配置和战略实施,它和风险管理的结合可以更好地防范和控制经营风险。

利用风险管理方法,构建包括风险识别、风险分析和评估、风险应对三个子系统在内的预算风险管理系统,以使风险管理成为企业价值预算的有效手段。

预算风险管理贯穿企业预算管理的全过程,在预算管理周期循环进行,形成动态风险管理的回路;预算的启动阶段,进行风险辨识,在此基础上明确预算目标;预算的计划阶段,进行风险定性分析,根据风险图确定排序,合理规划资源的分配,确保目标、环境、资源相互之间的满足与平衡;预算的实施阶段,根据风险的定量分析和评价,做好风险监控工作,并随内外部环境的变化做出适时调整;预算的收尾阶段,进行风险追踪和风险防范,实现监控与学习的双重目的。

6.建立预算风险管理的决策支持系统

基于价值流的观点,以预算管理信息系统为平台,建立预算风险信息收集、处理、决策、预警等全过程的风险管理辅助决策系统,以实现快速反应、监督控制的实时性、信息共享性等功能。企业预算风险管理的决策支持系统主要包括管理系统和信息系统两部分。管理系统就管理职能和机构设置进行有效的界定;信息系统涵盖信息收集、处理、存储、决策、预警等全过程的管理,包括信息输入模块、风险识别模块、风险分析工具模块、风险预警及控制模块、风险应对管理模块等,通过预算风险管理信息系统的有效运行,进行合理的预算监控和流程再造,实现风险流和价值流的互动,增强创造价值的效率,最终支持预算风险最小、价值最大目标的实现。

第五节　大数据时代企业内部控制

一、不相容职务分离控制

(一)不相容职务分离控制的基本要求

不相容职务是指那些如果由一个人担任既可能发生错误

和舞弊行为，又可能掩盖其错误和舞弊行为的职务。不相容职务通常是指授权批准、业务经办、会计记录、财产保管、稽核检查等职务，其主要内容包括：授权批准与业务经办、业务经办与会计记录、会计记录与财产保管、业务经办与稽核检查、授权批准与监督检查等。企业应当根据各项经济业务与事项的流程和特点，系统、完整地分析、梳理执行该经济业务与事项涉及的不相容职务，并结合岗位职责分工采取分离措施。有条件的企业，可以借助计算机信息技术系统，通过权限设定等方式自动实现不相容职务的相互分离。

不相容职务分离控制要求企业全面系统地分析、梳理业务流程中所涉及的不相容职务，实施相应的分离措施，形成各司其职、各负其责、相互制约的工作机制。

对于不相容的职务，如果不实行相互分离的措施，就容易发生舞弊等行为。例如，物资采购业务，批准进行采购与直接办理采购即属于不相容的职务，如果这两个职务由同一个人担当，即出现该员工既有权决定采购什么，采购多少，又可以决定采购价格、采购时间等情况，如果没有其他岗位或人员的监督制约，就容易发生舞弊行为。又如，一个会计人员既保管支票印章，又负责签发支票，或者既记录支票登记簿，又登记银行存款日记账，或者既负责编制会计凭证，又负责企业与银行之间账目的审核与对账等工作，如此等等，就完全不符合不相容职务相互分离的控制原则，很有可能会导致舞弊行为的发生。

（二）不相容职务分离的核心要求

不相容职务分离的核心是"内部牵制"，因此，企业在设计、建立内部控制制度时,首先应确定哪些岗位和职务是不相容的,其次要明确规定各个机构和岗位的职责权限,使不相容岗位和职务之间能够相互监督、相互制约,形成有效的制衡机制。

不相容职务分离控制实质上是编辑策划控制在会计内部控制中的应用。职责分工控制要求根据企业目的和职能任务,按照科学、精简、高效的原则,合理设置职能部门和工作岗位,明确各部门、各岗位的职责权限,形成各司其职、各负其责、便于考核、相互制约的工作机制。

企业应当结合岗位特点和重要程度,建立规范的岗位轮换制度,防范并及时发现岗位职责履行过程中可能存在的重要风险,以强化职责分工控制的有效性。例如,企业应当明确财务等关键岗位员工轮岗的期限和有关要求。

不相容职务是指那些如果由一个人担任既可能发生错误和舞弊,又可能掩盖其错误和舞弊行为的职务,所以,内控制度强调要实行职务分离控制。又由于为了要增加舞弊发现概率,内控制度还强调关键岗位应建立强制轮换制度,这也是很重要的,由于领导、员工离岗时的工作交接会受到他人监督,那么其实施并掩盖舞弊的机会将大大减少,现实中有不少、挪用或贪污等舞弊现象都是在工作交接时被发现的。如:美国货币管理局要求全美的银行雇员每年休假一周,在雇员休假期间,安排其他人员接替做他的工作,其意图就是防止和发现雇员可能存在的舞弊。通过强制岗位轮换,或者带薪休假,在休假期间工作由别人暂时接替,则舞弊被发现的概率会大大增加,相应地,员工舞弊的动机则会大大减弱。因此,对我国企业来说,非常有必要对财务岗位、领导岗位建立强制轮换或带薪休假制度。

当然,职务分离和岗位轮换制度都是为了加强内部牵制,但不能因此而片面地理解内部控制就是内部牵制。事实上,内部牵制是内部控制的最初发展形势,内部牵制确实还是现代内部控制的重要方法和原则之一,是组织机构控制、职务分离控制的基础。但是,现代内部控制不仅仅是内部牵制,还包括预算控制、资产保护控制、人员素质控制、风险控制、内部报告控制、电子信息系统控制、内部审计控制等等,而这些都不是内部牵制所能涵盖的。

二、授权审批控制

(一)授权批准控制的基本要求

授权是指授予对某一大类业务或某项具体业务的决策做出决定的权力,通常包括常规授权(一般授权)和特别授权两种方式。授权批准是指单位在办理各项经济业务时,必须经过规定授权批准的程序。授权审批控制要求企业根据常规授权和特别授权的规定,明确各岗位办理业务和事项的权限范围、审批程序和相应责任等内容。

授权控制在日常工作中主要表现为审核批准控制,即要求企业各部门、各岗位按照规定的授权和程序,对相关经济业务和事项的真实性、合规性、合理性以及有关资料的完整性进行复核与审查,通过签署意见并签字或者签章,做出批准、不予批准或者做其他处理的决定。为此,企业应当编制常规授权权限指引,规范特别授权范围、权限、程序和责任,严格控制权。企业各级管理人员应当在授权范围内行使职权和承担责任。

(二)授权批准的形式

授权批准形式通常有常规授权和特别授权之分。

1.常规授权

常规授权(又称一般授权)是指企业在日常经营管理活动中按照既定的职责和程序进行的授权。

常规授权是对办理常规性经济业务的权力、条件和有关责任者做出的规定。如企业对各职能部门权限范围和职责的规定属于常规授权。层次的授权过大,则风险不易控制;过小,则效率降低。常规授权适用于经常发生的数额较大的交易,如赊销时的价格表与信用额度等,其时效性一般较长。企业可以根据常规性授权编制权限指引并以适当形式予以公布,提高权限的透明度,加强对权限行使的监督和管理①。

常规授权通常是在对该业务管理人员任命的时候确定,在管理部门中也采用岗位责任制或管理文件的授权形式认定,或在经济业务中以规定其办理条件、办理范围的形式予以反映的。例如,会计部门规定某人负责支票的审核与相关政策,那么只要当符合支票签发政策的部门和人员申请支票时,该人员就可按这些政策的规定授权办理支票审核业务。

2.特别授权

特别授权是指企业在特殊情况、特定条件下进行的授权。特别授权适用于管理当局认为个别交易必须经批准的情况,对于对外投资、资产处置、资金调度、资产重组、收购兼并担保抵押、财务承诺、关联交易等重要经济业务事项的决策权,以

---

①夏宁.内部控制学[M].上海:立信会计出版社,2018.

及超过一般授权的常规交易都需要特殊授权。这种授权只涉及特定的经济业务处理的具体条件及有关具体人员,且应保持在较高管理层手中。

特别授权是一种临时性授权,是企业在特殊情况、特定条件下进行的应急性授权。与一般授权不同,特殊授权只涉及特定的经济业务处理的具体条件及有关具体人员。例如,上述负责支票审核的某会计人员,在审核应该开具的支票时,发现金额高达数百万元,额度远远超过某会计人员甚至是会计部门的权限,对于这笔支票审核业务,必须作为特殊授权才能办理。可见,这样的授权时效较短,有的还须一事一议。企业应当关注对临时性授权的管理,规范临时性授权的范围、权限、程序、责任和相关的记录措施。有条件的企业,可以采用远程办公等方式逐步减少临时性授权。

和常规授权相比,特别授权往往是指对办理例外的、非常规性事件的权力、条件和责任的特殊规定,比如非经常的、重大的、长期性的筹资行为和投资决策等,而日常的、短期性的、经营性的行为属于常规授权的范围。

企业对于重大的业务和事项(尤其是企业对于金额重大、重要性高、技术性强、影响范围广的经济业务与事项),应当实行集体决策审批或者联签制度,任何个人不得单独进行决策或者擅自改变集体决策。

三、会计系统控制

(一)会计系统控制的基本要求

会计作为一个信息系统,对内能够向管理层提供经营管理的诸多信息,对外可以向投资者、债权人等提供用于投资等决策的信息。

会计系统控制要求企业严格执行会计准则或会计制度,加强会计基础工作,明确会计凭证、会计账簿和财务会计报告的处理程序,规范会计政策的选用标准和审批程序,建立、完善会计档案保管和会计工作交接办法,实行会计人员岗位责任制,充分发挥会计的监督职能,保证会计资料的真实完整。

企业应当依法设置会计机构,配备会计从业人员。从事会计工作的人员,必须取得会计从业资格证书,会计机构负责人应当具备会计师以上专业技术职务资格。大中型企业应当设置总会计师,设置总会计师的企业,不得设置与其职权重叠的副职。

会计系统控制主要是通过对会计主体所发生的各项能用货币计量的经济业务进行确认、计量、记录、报告所实施的控制。从日常会计核算工作的内容来看,主要包括以下几个方面:①建立会计工作的岗位责任制,对会计人员进行科学合理的分工,使之相互监督和制约;②按照规定取得和填制原始凭证;③设计良好的凭证格式;④对凭证进行连续编号;⑤规定合理的凭证传递程序;⑥明确凭证的装订和保管手续责任;⑦合理设置账户,登记会计账簿,进行复式记账;⑧按照《会计法》和国家统一的会计制度的要求编制、报送、保管财务会计报告等。

(二)内部会计控制分类与主要内容

内部会计控制的内容应当涵盖企业财务会计管理的全过程,它是企业内部会计控制的主体与核心,规定了企业应对哪些经济活动和环节进行控制。按照财政部《内部会计控制规范—基本规范(试行)》的规定,企业内部会计控制主要包括以下九个方面的内容。

1.货币资金控制

办理货币,资金业务的不相容岗位应当分离,相关机构和人员应当相互制约,确保货币资金的安全。审批人应当根据货币资金授权批准制定的规定,在授权范围内进行审批,不得超越审批权限。经办人应当在职责范围内,按照审批人的批准意见办理货币资金业务。对于审批人超越授权范围审批的货币资金业务,经办人员有权拒绝办理,并及时向审批人的上级授权部门报告。企业应当按照支付申请、支付审批、支付复核、办理支付等规定的程序办理货币资金支付业务。

2.实物资产控制

企业应当建立实物资产管理的岗位责任制度对实物资产的验收入库、领用、发出、盘点、保管及处置等关键环节进行控制,防止各种实物资产被盗、毁损和流失。

3.对外投资控制

企业应当建立规范的对外投资决策机制和程序。通过实行重大投资决策集体审议联签等责任制度,加强投资项目立项、评估、决策、实施、投资处置等环节的会计控制,严格控制投资风险。

4.工程项目控制

企业应当建立规范的工程项目决策程序,明确相关机构和人员的职责权限,建立工程项目投资决策的责任制度,加强工程项目的预算、招投标、质量管理等环节的会计控制,防范决策失误及工程发包、承包、验收等过程中的舞弊行为。

5.采购与付款控制

企业应当合理设置采购与付款业务的机构和岗位,建立和完善采购与付款的会计控制程序,加强请购、审批、合同订立、采购、验收、付款等环节的会计控制,堵塞采购环节的漏洞,减少采购风险。

6.筹资控制

企业应当加强对筹资活动的会计控制,合理确定筹资规模和筹资结构,选择筹资方式,降低资金成本,防范和控制财务风险,确保筹措资金的合理、有效使用。

7.销售与收款控制

企业应当在制定商品或劳务等的定价原则、信用标准和条件、收款方式等销售政策时,充分发挥会计机构和人员的作用,加强合同订立、商品发出和账款回收的会计控制,避免或减少坏账损失。

8.成本费用控制

做好成本费用管理的各项基础事务,制定成本费用标准,分解成本费用指标。控制成本费用差异,考核成本费用指标的完成情况,落实奖罚措施,降低成本费用,提高经济效益。

9.担保控制

严格控制担保行为,建立担保决策程序和责任制度,明确担保原则、担保标准和条件、担保责任等相关内容,加强对担保合同订立的管理,及时了解和掌握被担保人的经营和财务状况,防范潜在风险,避免或减少可能发生的损失。

四、预算控制

(一)预算控制的基本要求

预算控制是通常以全面预算为手段,对企业内部各部门的各种财务及排财务资源所进行的控制。预算控制要求企业加强预算编制、执行、分析、考核等环节的管理,明确预算项目,建立预算标准,规范预算的编制、审定、下达和执行程序,及时分析和控制预算差异,采取改进措施,确保预算的执行。《基本规范》第三十三条"要求企业实施全面预算管理制度,明确各责任单位在预算管理中的职责权限,规范预算的编制、审定、下达和执行程序,强化预算约束"。

为了引导企业加强对预算的内部控制,规范预算编制、审批、执行、分析与考核,提高预算的科学性和严肃性,促进实现预算目标,企业还应当遵循《企业内部控制应用指引全面预算》。

预算是指企业结合整体目标及资源调配能力,经过合理预测、综合计算和全面平衡,对当年或者超过一个年度的生产经营和财务事项进行相关额度、经费的计划和安排的过程。企业预算一般包括经营预算、资本预算和财务预算。

企业财务预算应当围绕企业的战略要求和发展规划,以业务预算、资本预算为基础,以经营利润为目标,以现金流为核心进行编制,并主要以财务报告形式予以充分反映。企业财务预算一般按年度编制,业务预算、资本预算、筹资预算分季度、月份落实。企业编制财务预算,应当按照先业务预算、资本预算、筹资预算,后财务预算的流程进行,并按照各预算执行单位所承担经济业务的类型及其责任权限,编制不同形式的财务预算。

企业应当建立预算管理体系,明确预算编制、审批、执行、分析、考核等各部门、各环节的职责任务、工作程序和具体要求。企业在建立与实施预算内部控制中,至少应当强化对下列关键方面或者关键环节的控制。

第一,职责分工、权限范围和审批程序应当明确规范,机构设置和人员配备应当科学合理。

第二,预算编制、执行、调整、分析、考核的控制流程应当清晰严密,对预算编制方法、审批程序、预算执行情况检查、预算调整、预算执行结果的分析考核等应当有明确的规定。

预算编制应当实行全员参与、上下结合、分级编制、逐级汇总、综合平衡。

企业应当按照内部经济活动的责任权限进行预算控制,预算内资金实行责任人限额审批,限额以上资金实行集体审批。严格控制无预算的资金支出。

(二)预算岗位分工与授权批准

企业应当建立预算工作岗位责任制,明确相关部门和岗位的职责、权限,确保预算工作中的不相容岗位相互分离、制约和监督。

预算工作不相容岗位一般包括:①预算编制(含预算调整)与预算审批。②预算审批与预算执行。③预算执行与预算考核。

第八章 企业财务风险预警体系研究

第一节 企业财务风险预警理论概述

财务风险预警是企业财务风险管理的重要组成部分,是对企业财务危机的合理预测。较大财务风险的出现,会使恶化企业的财务状况,引发企业在财务领域出现严重危机。所以,构建财务危机预警系统,及时预报有关财务危机并有效减除,已成为一项重要的企业财务管控任务。

一、财务危机的界定及特征

(一)财务危机的概念及形成过程

企业财务预警是企业财务风险管理的组成部分,是对企业财务危机进行的预测。要做好对财务风险的预警,首先要认清财务危机的内涵。

财务危机俗称财务困境、财务失败,所指企业处于财务困境的泥潭,这类企业或是经营不畅、连年亏损,或是面临巨大的财务风险。狭义的财务危机,是指企业负债率在其全部资本中占比过高,企业偿还本息困难所造成的风险。广义的财务危机,则是指企业经营过程中的各种不利因素而引发的企业财务失败和经营失败。

一般而言,企业财务危机主要源于企业的内部因素、行业特征因素和外部经济环境。企业的内在因素主要包括经营者的管理能力、企业的营销渠道、创新能力、企业的组织结构、企业生产技术的先进性、企业的财务结构、经营能力、盈利能力等,这些因素大部分是可控的。企业的行业特征因素主要包括所处行业的景气变化情况、行业的产品特征、产品的生命周期、产品销售的竞争程度等。企业的外部经济环境主要包括法律、文化、社会、政治、货币供应、利率水平、国民就业状况、物价水平及汇率变动等因素。

根据企业财务领域所表现出来的结构性、流动性、盈利性、发展性和效率性等指标数据对的量化程度,企业财务危机的发生过程可大致划分为三个阶段,即经营失调阶段、经营危机阶段以及失败阶段。在下面的图8-1中比较全面地表现了上述发展阶段。

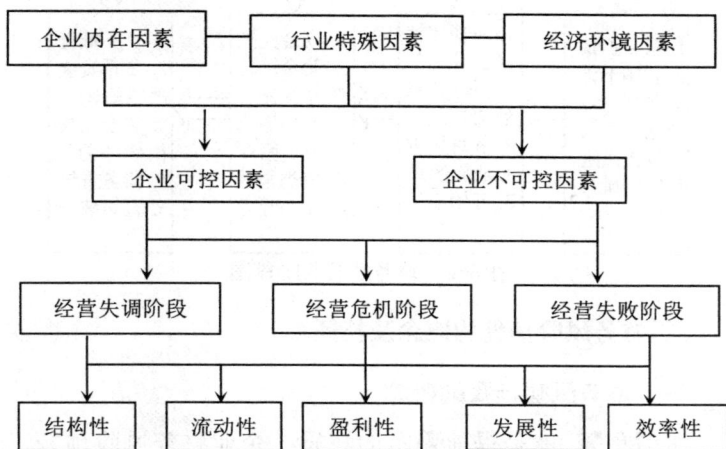

图8-1 企业财务危机形成过程表现

（二）财务危机的阶段性特征

企业的财务危机主要是源于其内在因素、行业特征因素和外部经济环境，它的产生是一个逐步发展和长期积累的过程并而非一朝一夕所致。也就是说，企业财务危机并非一个时点概念，而是时期性的，从出现财务危机的时点开始，到公司经营失败都是其过程。充分认识和把握企业可能在不同阶段表现出来的经营和财务危机特征十分关键，可以及时识别和应对，减少企业财务损失。企业财务危机一般可有四个阶段的发展过程，即财务危机的潜伏阶段、发展阶段和恶化阶段、爆发阶段。对企业在经营和财务方面在这四个阶段的表现，描述如图8-2所示。

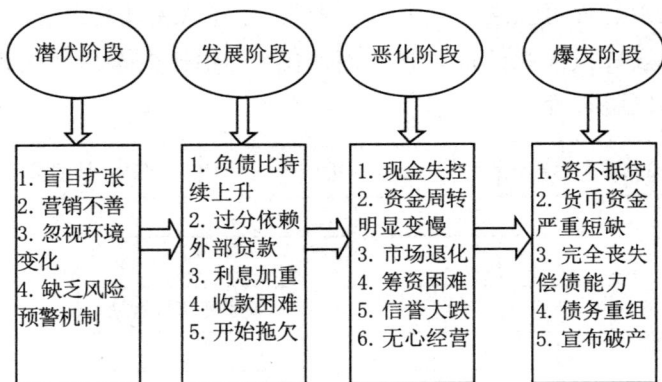

图8-2　财务危机四阶段图

二、财务风险预警的概念及特征

（一）财务风险预警的概念

所谓预警，就是提前警示的意思。企业财务风险预警，就是从企业财务的角度出发，对企业的利益相关人进行提醒。

这里的风险预警基于企业内的财务会计信息,在关注系列敏感性指标的波动中,预警企业可能会遇到的财务危机,并科学分析危机缘由和财务活动中的潜在问题,提醒管理者尽早防范风险的发生。

财务风险预警由财务风险和预警提醒两方面组合而成,财务风险是指企业发生不能支付到期债务、支付能力丧失和资不抵债情况的可能,像企业经济活动不成功、破产等等。这里的预警则指的是先有所预测并做出警示,进而采取有效措施消除或努力避开损失的发生,这就要求财务者可以由系列衡量标准的波动而得出对企业运行状况和问题的合理分析,并及时示警[①]。

(二)财务风险预警特征

财务风险预警作为管控风险的相应机制,在其中汇合了风险预测、示意、排除的主要功能,这便要求其能够预先评测出财务危机和它有一定概率导致的危害,继而表现出一定的方式向关联者示警,并提出相应的风险规避建议。通常而言,风险预警表现出灵敏性、参照性、预测性和预防性四个特征。

灵敏性。企业财务体系内各个因素之间相互依存、联系密切,某一方面的因素变动会敏锐地反映在另一因素上,以此提供相关预警信息。

参照性。这一特征是说,在把握财务运行的有关情况和表现特点的基础上,科学挑选系列指标,迅速、精准地揭示企业财务状况的波动,在相关数据分析及理解财务管理理论的基础上,对可展现企业情况的指标及其体系加以处理分析,以此

---

①徐英玲. 企业财务风险及其预警体系研究[D]. 济南:山东大学,2015.

作为企业的诊疗参照。

预测性。影响公司发展状况的各个因素必定相互关联,可以相关的经营表现和走向为依据,做出科学有效的推算或预测,关注各项征兆,可以早发现情况,早作应对。

预防性。若企业财务预警中有相关指标接近安全红线,可以通过对财务运行恶化原因的及时寻找来化解经营危机。同时,将已出现的财务危机原因、解决过程、有效反馈等记录进企业系统内,将经验教训加以利用,有效规避同类型的财务危机。

第二节 企业财务风险预警体系的研究设计和指标选取

一、财务风险预警指标体系构建概述

以财务风险预警理论为基础来对企业进行财务风险分析,需要构建财务风险预警指标体系,预警体系的构建不仅要有科学性和有效性,还要遵循及时性和可操作性等有关的构建原则。而且,在选择预警指标时要严格把关指标的数量和质量,确保选择的指标能够准确全面客观地反映企业经营情况和财务状况。

(一)财务风险预警指标体系构建原则

通过财务风险预警指标体系来反映企业的财务情况、运营状况、经营风险等,达到防范风险、稳健运行的目标,是企业建立财务风险预警指标体系的主要目的。因此,建立财务风险

预警指标要遵循以下的原则。

1.科学有效原则

一方面对所选择指标的含义、所属类别、计算公式等方面的把握必须科学合理,而且要根据实际需要消除企业规模、政策限制、行业差异、管理者管理水平等因素对指标的影响。另一方面预警指标的选取也要避免相互间的高度重复性和关联性,并以统一的口径和方法加以计算,确保指标间纵横向的可比性。

2.完整可操作原则

当前科学技术的快速发展,给研究资料的获取带来了极大的便利,我们可以从多个来源获得相关数据,像上市公司按照证监会等监督机构而公布的企业财务报告中便具备相应的财务数据和大多数非财务数据。但同时需要注意,在同时研究多家企业的数据时,部分指标会出现缺失值现象,这便需要研究者在进行进一步的资料检索时,要注意对数据完整性的保护,避免缺失值现象的出现,增加研究的可操作性。

3.及时预测原则

及时性要求的是在反映企业财务风险征兆时预警指标具有足够的灵活性和敏感性,如果在企业经营活动中有风险影响因素的出现,指标上能够迅速地予以反映。因为,当某一个或多个预警指标出现不良征兆时,企业便会有财务风险发生或者将要发生,此时预警指标应发挥先兆性作用,风险一经显现便得以表现,这一点不同于财务风险已经造成破坏时才采用的结果性指标。具备及时预测的原则,才能够在使用相应的预警指标体系进行风险预警时,对企业潜在风险进行事先、准确而有效的预报,便于管理人有的放矢,尽早行动,以解决企业发展的实际问题,为企业创造更大的价值①。

(二)财务指标定性分析

本节主要研究了财务指标定性分析,并在后面构建财务风险预警体系时以之为主要指标搭建风险预警模型。与财务指标定性分析相对应的有非财务指标定性分析,常见的有实际控制人性质、两权分离度、董事会规模、董事长与总经理兼任情况、股权集中度、高管持股数量、上市或成立年数、年个股回报率、审计意见等,它们将在不同的程度上影响着企业面临的财务风险。但本文主要是在财务指标分析的基础上实现财务风险预警指标的初步构建,对非财务指标进行定性分析暂不做详细研究。

企业产生财务风险的原因便是以不同财务风险影响因素而致,这些影响因素的存在使得某些指标的变化能够预判企业财务风险的发生。在本节的财务指标分析中,主要研究了系列能够反映企业结构性、流动性、盈利性、效率性和成长性的指标,以之分析判别企业财务风险状况。

1.偿债能力指标

企业的偿债能力在一定程度上表现着企业的财务结构性,通常来说,一个企业能否持续健康的发展和生存,合理的财务结构性十分关键,通常企业的偿债能力指标越高,那企业相应的财务风险抵抗能力越强,偿债能力指标的强弱是衡量企业财务风险程度的重要财务指标之一。常用的偿债能力指标有

---

①雷振华.中小企业财务风险预警管理研究[M].北京:经济日报出版社,
2010.

资本负债率、负债比率、流动资产/流动负债、营运资金比率等。

2. 现金流量指标

现金流量表现企业的流动性，展现其会计期间内，通过一定经济活动而产生的现金流入、流出及其差量情况。现金流量能力指标对于现代企业的发展十分重要，反映着企业的本质，十分具有权威性。通常来说，企业的现金流量能力指标越高，表明企业财务状况越好，风险越低，反之则越高。

3. 盈利能力指标

利润是企业各方关心的中心问题，企业的盈利能力指标可以作为经营者最重要的业绩衡量标准之一，以此发现企业财务问题、改进企业管理。企业的盈利能力越强，他的财务风险越低，那么企业便能够投入更多的资源来保障企业的持续健康的发展。该类指标主要有营业利润率、成本费用利润率、每股营业收入、资产报酬率、销售净（毛）利率等。

4. 运营能力指标

运营能力指标反映企业的效率性，它们将为企业经济效益的提高指明发展方向，关系着企业财务管理目标、价值实现以及企业的成长能力等。企业营运能力指标表示为资产的周转率或周转速度，企业以尽可能少的资产占用实现短时间内尽可能多的产品周转，从而实现更多的销售收入，这就是对企业资产营运能力的本质解释。该类的财务指标主要有存货周转率、总资产与收入比、应收账款周转天数和周转率等。

5. 发展能力指标

发展能力指标反映着企业的成长性，指的是企业在经营活动过程中通过不断的扩展而累积的发展潜能。企业发展能力指标低时,其运营和盈利方面也会相应下滑,此时相应风险发生的可能性便会增加。常用的该类指标有总资产增长率、营业利润增长率、资本保值增值率、利润增长率等。

二、财务风险预警指标与研究变量的设计

在学习借鉴国内外资料并分析研究的情况下,结合国内上市企业财务情形,本节将可以指示公司结构性、流动性、盈利性、效率性和成长性的21项风险指标确定成相关变量,开展分析,具体分类见表8-1。

表8-1 公司财务预警指标表

流动性指标	结构性指标	效率性指标	盈利性指标	成长性指标
X_1:流动比率(营运资金比率)	X_3:主业务成本比例	X_9:应收账款周转率	X_{12}:净资产收益率	X_{16}:主业务收入增长率
X_2:速动比率(不考虑存货的比率)	X_4:资产负债比率	X_{10}:资产周转率	X_{13}:资产报酬率	X_{17}:主业务利润增长率
	X_5:流动负债比率	X_{11}:存货周转率	X_{14}:销售净利率	X_{18}:税前利润增长率
	X_6:管理费比例		X_{15}:销售毛利率	X_{19}:净利润增长率
	X_7:营业费比例			X_{20}:资本增长率
	X_8:财务费比例			X_{21}:股东权益增长率

各指标含义如下。

X_1：流动比率流动资产/流动负债。

X_2：速动比率=速动资产/流动负债。

X_3：主业务成本比例=主业务成本/主业务收入。

X_4：资产负债比率=负债额/资产额。

X_5：流动负债比率=流动负债/资产额。

X_6：管理费比例=管理费/主业务收入。

X_7：营业费比例=营业费/主业务收入。

X_8：财务费比例=财务费/主业务收入。

X_9：应收账款周转率=主业务收入/平均应收账款。

X_{10}：资产周转率=主业务收入/平均资产额。

X_{11}：存货周转率=主业务成本/平均存货。

X_{12}：净资产收益率=净利润/年度末的股东权益。

X_{13}：资产报酬率=净利润/平均资产额。

X_{14}：销售净利率=净利润/主业务收入。

X_{15}：销售毛利率=1-主业务成本/主业务收入。

X_{16}：主业务收入增长率=当年主业务收入/上年主业务收入。

X_{17}：主业务利润增长率=当年主业务利润/上年主业务利润

X_{18}：税前利润增长率=当年利润/上年利润额。

X_{19}：净利润增长率=当年净利润/上年净利润。

X_{20}：资本增长率=年末资产/年初资产。

X_{21}：股东权益增长率-年末权益值/年初权益值。

第三节 我国企业财务风险的预警的实证研究
——以上市公司为例

一、财务风险预警模型的设立

通常而言,逻辑回归模型是能够最为有效解决0-1回归问题的方法之一。自1980年首次被用于分析财务风险预警方面的问题开始,逻辑回归模型逐渐的得到了广泛应用。本文在综合学习、借鉴和分析考量国内外学者对财务风险预警模型理论研究的基础上,采用多元逻辑回归模型作为基础分析方法以开展研究分析[①]。

逻辑回归模型通过分析选定样本的条件概率,而对其财务状况和经营风险做出相关判断。在该模型中,假设X为第i个发生财务危机的风险预警变量矩阵,假设Yi为对企业综合财务状况的数量特征反映,企业因此发生财务危机的概率为P,P_i和X_i之间存在着逻辑回归关系,在推导假设的情况下表示如下。

$$Yi = b_1X_1 + b_2X_2 + b_3X_3 + \cdots b_nX_n + a = a + \sum b_i X_i$$

其中,假设X_i为与财务风险预警有关的财务比率,bi以来表示对相关自变量X_i的重视程度,以a作为可能随机出现的干扰项。

$$再假设:Y_i = \ln {P_i} \big/ {(1 - P_i)}$$

————————
①张永丽.论企业财务风险的防范与控制[D].阜阳:阜阳师范学院,2019.

其中，Y_i是对企业可能风险的总判断值，表现第i项在企业整体中的情况量化值；P_i则是以线性回归模型为基础上而计算出的财务危机的发生概率。

$$则 a + \sum b_i X_i = \ln \frac{P_i}{(1 - P_i)}$$

逻辑回归模型表现为 S 型曲线，其预警值表示在 0 ~ 1 之间。确定 0.5 为企业概况区分值，若概率 P 小于 0.5，则企业便为正常公司，若大于 0.5 则归入发生财务危机的 ST 公司。

二、上市公司财务风险预警模型的实证分析

（一）备选风险预修指标的选定

为保证选定的各预警指标都具有对财务风险的预警能力，本文借鉴相关研究，在文中计算了 ST 和正常公司指标值，借助 SPSS 软件，以 T 检验法研究样本间有无明显差异。如表 8-2 所示。

表8-2　ST公司与正常公司财务风险预警指标差异性分析表

变量	样本平均值		T检验值	
	ST公司	正常公司	T值	P值
X_1：流动比率	1.240	1.611	−1.649	0.110
X_2：不考虑存货量比率	0.885	1.149	−1.440	0.161
X_3：主业务成本比例	0.771	0.744	0.840	0.404
X_4：资产负债比率	0.545	0.673	−0.354	0.724
X_5：流动负债比率	0.502	0.591	−0.28	0.781
X_6：管理科费比例	0.149	0.083	2.198	0.032
X_7：营业费比例	0.049	0.068	−1.083	0.283

变量	样本平均值		T检验值	
	ST公司	正常公司	T值	P值
X_8:财务费比例	0.053	0.017	2.62	0.011
X_9:应收账款周转率	7.461	10.859	−1.092	0.279
X_{10}:存货周转率	4.139	4.319	−0.189	0.851
X_{11}:资产周转率	0.486	0.667	−1.792	0.078
X_{12}:资产报酬率	0.011	0.040	−4.269	0
X_{13}:销售毛利率	0.229	0.256	−0.839	0.404
X_{14}:净资产收益率	0.036	0.071	−2.947	0.005
X_{15}:销售净利率	0.040	0.069	−2.402	0.02
X_{16}:主业务利率增长率	1.162	1.230	−0.486	0.629
X_{17}:主业务收入增长率	1.030	1.261	−2.595	0.012
X_{18}:税前利润增长率	0.845	1.407	−1.177	0.244
X_{19}:净利润增长率	0.797	1.117	−1.811	0.075
X_{20}:资本增长率	1.074	1.180	−2.770	0.008
X_{21}:股东权益增长率	1.096	1.073	0.679	0.5

根据上表检验结果,在95%的置信水平上,变量 X_6、X_8、X_{12}、X_{14}、X_{15}、X_{17}、X_{21} 符合本文的选取要求,可以作为模型的备选变量。

(二)上市公司财务风险预警模型的设立

运用SPSS软件,逻辑回归分析 X_6、X_8、X_{12}、X_{14}、X_{15}、X_{17}、X_{21},再加以拟合度的组合模拟判断,发现 X_{12}、X_{15}、X_{21} 三个变量组合而成的风险预警模型拟合度最高。逻辑回归分析的结果表示见表8-3。

表8-3　模型样本的逻辑回归分析结果表

	参数估计值	Wald统计量	标准差	df	显著性水平
X_{12}	−175.836	9.288	50.342	1	0.002
X_{15}	39.635	4.754	19.619	1	0.029
X_{20}	−7.051	4.321	3.339	1	0.038
显性方程组的截距	8.375	5.173	3.701	1	0.023

将结果表内数据代入公式 $Yi = b_1X_1 + b_2X_2 + b_3X_3 + \cdots b_nX_n + a = a + \sum b_iX_i$

得出上市公司财务风险预警模型为：

$$Y=8.375+39.635×13−175.836×14−7.051×20$$

将上式代入公式 $a + \sum b_iX_i = \ln\dfrac{P_i}{(1 - P_i)}$，可得：

$$P=−\exp(8.375+39.635×13−175.836×14−7.051×20)/1+\exp(8.375+39.635×13−175.836×14−7.051×20)$$

根据对样本数据的验证，样本在财务危机发生概率数值低时表现正常，在数值高时表现为恶化，根据相关变化设定上述模型的判别临界值为50%，即0.5，则当样本的 P_i 值小于0.5时，判定该上市公司在两年后仍为正常公司；而样本 P_i 的值大于0.5时，判定该上市公司在两年后会变为ST公司。

参考文献

[1]陈可喜.财务风险与内部控制[M].上海:立信会计出版社,2012.

[2]财政部企业司.企业财务风险管理[M].北京:经济科学出版社,2004.

[3]陈维青.企业内部控制学[M].沈阳:东北财经大学出版社,2013.

[4]方红星,池国华.内部控制[M].沈阳:东北财经大学出版社,2017.

[5]高杰英.信用评级理论与实务[M].北京:中国金融出版社,2016.

[6]高秀屏,赵迎东,汪宇瀚.企业信用管理[M].上海:上海财经大学出版社,2013.

[7]李艳华.大数据信息时代企业财务风险管理与内部控制研究[M].长春:吉林人民出版社,2019.

[8]雷振华.中小企业财务风险预警管理研究[M].北京:经济日报出版社,2010.

[9]企业财务风险管理编写组.企业财务风险管理[M].北京:企业管理出版社,2014.

[10]秦霞.企业财务风险管理研究[M].长春:吉林大学出版社,2016.

[11]亓占超.中小企业财务风险管理体系研究[D].济南:山东财经大学,2015.

[12]祁玉凤.基于内部控制的上市公司财务风险评价与控制研究[D].北京:首都经济贸易大学,2014.

[13]武礼英.集团企业财务管理与风险控制[M].沈阳:辽海出版社,2019.

[14]王卉.企业集团财务风险管控的内部报告体系构建研究[D].厦门:厦门大学,2014.

[15]徐英玲.企业财务风险及其预警体系研究[D].济南:山东大学,2015.

[16]徐静,姜永强.企业财务管理与内部控制体系构建[M].长春:吉林出版集团股份有限公司,2018.

[17]杨忠志.财务管理[M].厦门:厦门大学出版社,2015.

[18]郑洪涛.企业内部控制学[M].3版.沈阳:东北财经大学出版社,2015.

[19]张继德.企业财务风险管理[M].北京:经济科学出版社,2015.

[20]张曾莲.企业财务风险管理[M].北京:机械工业出版社,2014.

[21]张伟.企业财务风险内部控制研究[D].武汉:华中科技大学,2013.

[22]张永丽.论企业财务风险的防范与控制[D].阜阳:阜阳师范学院,2019.